인문학
거저보기

인문학 거저보기

초판 1쇄 발행 2021년 8월 30일
초판 4쇄 발행 2024년 12월 23일

지은이 지하늘

펴낸이 조기흠
총괄 이수동 / **책임편집** 최진 / **기획편집** 박의성, 유지윤, 이지은
마케팅 박태규, 임은희, 김예인, 김선영 / **제작** 박성우, 김정우
교정교열 책과이음 / **디자인** 이슬기

펴낸곳 한빛비즈(주) / **주소** 서울시 서대문구 연희로2길 62 4층
전화 02-325-5506 / **팩스** 02-326-1566
등록 2008년 1월 14일 제 25100-2017-000062호

ISBN 979-11-5784-529-3 03100

이 책에 대한 의견이나 오탈자 및 잘못된 내용은 출판사 홈페이지나 아래 이메일로 알려주십시오.
파본은 구매처에서 교환하실 수 있습니다. 책값은 뒤표지에 표시되어 있습니다.

⌂ hanbitbiz.com ✉ hanbitbiz@hanbit.co.kr ▮ facebook.com/hanbitbiz
Ⓝ post.naver.com/hanbit_biz ▶ youtube.com/한빛비즈 ◉ instagram.com/hanbitbiz

지금 하지 않으면 할 수 없는 일이 있습니다.
책으로 펴내고 싶은 아이디어나 원고를 메일(hanbitbiz@hanbit.co.kr)로 보내주세요.
한빛비즈는 여러분의 소중한 경험과 지식을 기다리고 있습니다.

교양툰
인문학 거저보기
지하늘 글·그림
서양철학 편
MAKE PHILOSOPHY
GREAT AGAIN
한빛비즈
Hanbit Biz, Inc.

이 세상 최고의 길티플레저* 중 하나는
바로 뒷담화다.

*죄책감을 느끼거나 하면 안 되는 걸 알면서도 즐기는 행동

호박씨 까는 게 뭐라고…
그렇게 즐거울 수가 없다.

남 괴롭히지 마세여!

물론 이런 것도 지나치면 안 되지만…

이에 반해 철학은 재미없다.

개인차가 있긴 하지만 대체로 그렇다.

재미없는 철학자의 초상

당연함. 철학이 재밌으라고 있는 건 아니니까.

손에 닿는 대로 아무 철학 원서나
집어 들고 읽으면 금세 잠이 온다.

그래도 안 되겠다…! 전공이라서
재미 붙이는 것도 한두 번이지!!

재미없는 게 비도덕적이었다면
모든 윤리학은 자기 파멸에 다다르고
철학자들은 모두 붙잡혀갈 거야!

그래서 나는 세상 최고의 길티플레저와
노잼을 5 대 5 비율로 섞었다.

첫째는 물론 재밌게 공부하기 위해.
그리고 둘째는…

이러기 위해!

철학도 그 사람의 행실에서 비롯한다.
이 자식들 행실 다 내가 이긴다.
이 자식들의 철학도 내가 이긴다.

모든 철학도의 유잼과 정신 승리를 위해!

✦ 차례 ✦

1화

소크라테스

Your 철학 is 찌릿찌릿

고대 그리스 철학의 문을
열어젖힌 인지도 톱 철학자

소크라테스

(기원전 470~기원전 399)

델포이 신전

오오~ 아폴론 신이시여!
이 아테네에서 가장 지혜롭고 현명한
이는 누구냔 말입니까?

걔 뭐냐…
이름 Σ로 시작하는 애.*

◀ 카이레폰

설마 제 친구 소크라테스요?!

어. ㅋ 잘 아네.

오 마이
제우스!

*소크라테스의 고대 그리스어 이름은 'Σωκράτης'이다.

뭐야, 왜 벌써 와?

쾅!

두

둥!

아니, 뭐…

똑똑한 놈을 찾으려 해도
죄다 빡대가리라서…

나도 바보인 건 마찬가지인데,
너는 네가 바보인 걸 모른다는
점에서 완전 아웃이다.

내가
비벼볼 만하겠던데?

나도 이제
사람 가르쳐야겠다.

그걸 왜 가서 시비 걸고 있어?!

그렇게 해서
소크라테스는…

거리의 철학자가
되었다.

거리의 철학자 특징:
길 가는 사람 붙잡고
시비를 탈탈 턴다.

↑ 어떻게 보면 이런 느낌

하지만 그에게도 유독
박한 평가가 있었으니…

소크라테스 선생님…
절 정말 깜짝
놀라게 하시는군요.

◀메논

생긴 게 뭐 전기가오리도
아니고 얼굴 넙데데하고
겁나 못생기셨는데
말도 무슨 전기처럼
흑 쏘게 하시잖아요!

버럭!

야, 너 지금 우리 선생님한테
무슨 소리야?!

사실이잖아요!

사실은 무슨!
사과해!

허허…
플라톤아.

웃냐?

아흐흑, 아니요 제가 어떻게
선생님 외모 비하 발언에 웃음을.
크흡 으흑 으흐흐흐흑
전기가오리는 너무
심했잖아요 근데
찰떡이긴 하다.
크흐흐흡 흐흑ㅋㅋ
적어놔야지. 히히

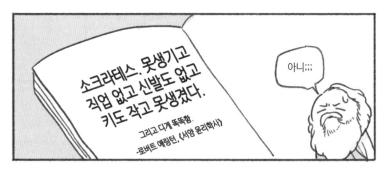

아니;;;

소크라테스. 못생기고 직업 없고 신발도 없고 키도 작고 못생겼다.

그리고 다게 똑똑함.
-로버트 애링턴, 《서양 윤리학사》

재잘

이 책에서도 못생겼대!

여기서도 못생겼대!

못생겼다!

재잘

웅성

웅성

웅성

머리 안쪽만 잘생긴 철학자!

재잘

거장은 못생겼다!

그러게요, 이상적인 미를 추구했던 고대 그리스 사람이면서

그 시절치고 조각상이 못생기게 나왔네요?

다 나 가.

선생님… 저희는 그래도 잘생긴 황제보다 못생긴 소크라테스가 되길 희망합니다… 저희 마음 아시죠…?

네가 제일 나빠 이 자식아.

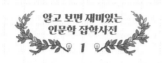
소크라테스의 윤리학

"나도 얘도 아는 거 하나 없지만 나는 적어도 내가 모르는 걸 아니까 그 점에서 더 똑똑하다!"

이런 도토리 키 재기 같은 것이 바로 무지의 지(知)입니다. 투박하게 표현하자면 말이죠. 사실 학습이란 내가 뭘 모르는지 아는 데서부터 시작하니 '지혜를 사랑한다'라는 뜻을 가진 철학의 출발점으로 두기 딱 좋은 개념이기도 하죠. 이 주장을 한 소크라테스는 기원전 5세기에 목수의 아들로 태어났습니다. 천한 출생은 아니었지만 좋은 출생도 결코 아니었죠. 원래는 아버지를 따라 목수가 되어야 했지만 기술을 익히는 대신 당시 지식인들의 강연 현장을 쫓아다니며 수학했습니다. 이때부터 범상치 않은 범생이었던 모양입니다.

당시 아테네에는 소피스트라는 무리가 많이 있었습니다. 이들은 당시 그리스의 여러 도시 국가를 떠돌며 젊은 사람들에게 돈을 받고 주로 변론술이나 연설하는 방법 따위를 가르치던 유급 교사들이었습니다. 당시엔 이것이 정치적 성공과 곧장 연결되었거든요. 소피스트들은 이런 걸 가르치는 만큼 실제적 유용성을 중시하고, 상대주의적이며 현세주의적인 시각을 가지고 있는 사람들이었습니다. 예컨대 "사람은 만물의 척도다"라는 말을 한 프로타고라스나 "정의는 강자의 이익이다"라는 말을 한 트라시마코스가 대표적인 소피스트입니다.

장사 잘하고 있던 소피스트들은 어느 날 신발도 제대로 안 신은 무급

교사가 자기 학원 앞에서 학생들을 대상으로 강의하고 있는 광경을 보게 됩니다. 그가 바로 소크라테스입니다. 심지어 웬 생뚱맞은 내용을 가르치고 있었죠.

이를 한자어로는 주지주의(主知主義)라고 합니다. 소크라테스가 윤리학에서 외쳤던 것이죠. 덕에 대한 앎이 곧 덕을 행하게 한다. 뭐가 도덕적인지 잘 알면서 그렇게 행하지 않는 사람은 없다. 즉, 오로지 무지에서 악이 비롯된다는 겁니다. 물론 이와 다른 의견도 얼마든지 나올 수 있겠지만요.

소크라테스에게 앎이란 도덕적인 것이고 앎을 깨우치기 위해서는 먼저 자신이 무지하다는 사실부터 알아야 합니다. 이걸 사람들이 깨우치도록, 소크라테스는 그들에게 온갖 질문을 던지며 괴롭혔습니다.

2화

플라톤

플라톤(기원전 427~기원전 347)

오타쿠는
아니라구요!!

소크라테스
선생님은
좋아하지만…

설득력 없는 설득을 하는 사람이 고대에도 있었습니다.

거인의 수난시대

고대 그리스 아테네

한 귀족 가문의 집에서
엄청난 금수저를 입에 물고
플라톤이 태어난다.

향후 2천 년간의
철학을 먹여 살릴
인재가 태어났다!

와~!

얘, 라톤아,
너희 형이랑 친척들은
나중에 정치가 한다는데
너는 뭐 할 거니?

나는 극작가 할 거야!

예술이
돈이 된다는 걸
보여주겠어!

엄마! 내가 이번 경연에서 꼭 당선되어서 올게!

그래~ 소포클레스*만큼 멋진 사람이 되어 돌아오렴~

*고대 그리스의 비극 시인

나 왔어!

그래, 오늘 어땠니?

나 철학과로 전과하게.

반나절도 안 되어서 이게 갑자기 뭔 소리야?

아니, 작품 들고 기다리고 있는데 누가 싸우는 거 있지?

근데 계속 보고 있으니까 되게 멋있는 거야.

내 양 주먹 이름이 대화다! 붙어!

이러지 말고 대화를…

소크라테스

*원래는 주먹다짐이 아니라 설전(舌戰)을 했다.

*기원전 5세기 무렵 아테네에서 지식이나 교양, 변론술을 가르치던 사람들

결국 플라톤은 소크라테스의 제자로 들어가게 된다.

덤으로 엄청난 오타쿠도 된다.

책 한 권 쓰지 않는 소크라테스의
일생이 지금까지도 전해지는 것은
그걸 전부 듣고 적은 제자들 덕분.

하지만 소크라테스는
얼마 안 가서 국가 분란을 일으키고
젊은이들을 선동한 죄로
독배를 받아 마시고 죽게 된다.

누명이지만.

그때 아테네가
상황이 안 좋았거든.

그거 아냐?
사실 "악법도 법이다"는
내가 한 말이 아니야.

그럼 누군데요?

야…
밥은 먹고 다녀라…

허어어어어어엉

이에 충격을 먹은 플라톤(당시 20대)은
아테네를 떠나 해외로 돌아다닌다.

걷다가 만난 인연

한편 스승이 누명을 쓰고 죽은 게
못내 한이었던 플라톤.

*아테네는 (나름) 민주주의국가였고
소크라테스는 과반수 투표에 의해
사형이 결정되었다.

**민주주의가
소크라테스 선생님을 죽였어!**
난 더 대빵 멋진 사회를 만들어내리라!

근데 저 인간
10년 만에 머리털이
수염으로 이동했네.

쉿!

그래서 플라톤은
자신의 이론을 토대로
이상적인 사회상을
하나 만들어낸다.

철 인 정 치

나는 통치자!
가장 똑똑한 애가
정치를!

나는 수호자!
용맹한 자가
군사를!

철인*이 정치를 해서
철인정치라고 하지.

나는 생산자!
통치와 수호에는
참가하지 않고 생산만
담당하지!
각자 능력에 맞게
완벽한 분업으로
조화를 이뤄내는
것이 포인트!

*철학자

문제는 상상만으로는 못내 아쉬웠는지, 시라쿠사라는 섬나라로 가서
본인의 정치 이상을 실현하고자 한 것이다.

결국 플라톤은 국가 분란을 기도한
죄로 잡혀서
노예로 팔려가게 된다.

아테네인 노예 팝니다~
몸도 튼튼, 머리도 튼튼~

앞서 말했지만, 이 사람…
아테네 귀족 집안 출신이다.

넌 뭐 하다가 이 꼴로
귀국하냐?

몰라…

이후, 지나가다 이 광경을 목격한
친구가 몸값을 내서 풀려나게 된다.

〈여담1〉

야! 정말 고맙다!
내가 나중에 내 몸값
꼭 갚으러 올게!

에이, 됐어.
친구 좋단 게 뭐냐~

갚으러 옴.

이 자식,
내 말은 귓등으로도
안 처듣지.

안 받을 거니까
그렇게 알아!

그럼 이 돈은
어디다 쓰지…?

아카데메이아

개업

그 돈으로 학교를 세웠다…
(…라는 설이 있음)

<여담2>

한때 극작가를 꿈꿔서 그런지
플라톤의 책은 대부분
시나리오북처럼 대화체로 되어 있다.

A: 플라톤 철학에 대해 공부해보지 않을래?
B: 아니.

하늘나라의
소크라테스 ▶

우리 라톤이, 선생님은
책 한 번 써본 적 없는데 라톤이
너는 책을 이렇게
많이도 쓰고…
한번 읽어볼까~

그리고 주인공은 죄다 소크라테스였다.

팬픽 집필은 덕후의 기본

왜… 책 주인공이
죄다 나인 거지…?

이건 내가 한 적
없는 말인데…?

이 자식이 지 사상 퍼뜨리는 데 나를 주인공으로 삼았어…?

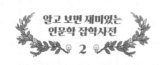

플라톤과 이데아

사실 소크라테스는 자기 손으로 뭘 쓴 적이 없습니다. 떠들기만 했죠. 현재 남아 있는 소크라테스의 사상이나 발언에 대한 기록은 전부 플라톤을 비롯한 제자들이 보고 적은 것입니다. 남의 생애 하나 잘 써도 그걸로 반백 년은 먹고살 수 있는데, 플라톤은 자기 이야기도 잘 썼습니다. 재능 있는 사람이죠.

플라톤은 서양철학사에서, 특히 형이상학에서 꽤 걸출한 업적을 남겼습니다. 이데아가 그것이지요. 철자가 어딘가 익숙하죠? 아이디어(idea)의 어원이 이데아입니다. 이상이라고도 하는데, 우리 머릿속에 있는 이상적인 형태를 가리킵니다.

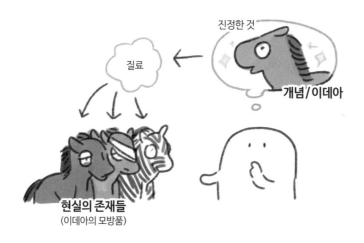

예를 들어봅시다. 머릿속으로 말을 한 마리 그려보세요. 다리 네 개 달리고 윤기 나는 갈기를 가진 말의 모습이 떠오를 겁니다. 다만 현실에서는 그 멋진 말의 모습과 100퍼센트 닮은 말을 찾는 게 사실상 불가능합니다. 우리가 머릿속으로 떠올린 말의 이상적인 형태! 이것이 개념 속에서만 존재하는 말이며 말의 이데아입니다. 플라톤은 이 이데아, 즉 개념이 현실의 찰흙 덩어리 같은 질료(재료)를 이리저리 뭉치고 조각하여 현실의 존재를 만들어낸다고 설명했습니다. 즉 현실의 모든 것은 이데아가 있기에 존재하며, 이데아의 모방품에 불과하지요. 진정한 것은 이데아입니다!

플라톤은 우리가 현실에 존재하는 모든 것이 모방품이라는 사실을 알아채고, 그 진정한 형상(이데아, 원형)으로 시선을 돌리는 것이 앎(진리, 에피스테메)을 얻는 길이라고 보았습니다. 마치 동굴 안에서 벽에 비친 그림자만 보던 죄수들이, 몸을 돌리고 동굴 밖으로 나가 실제로 존재하는 세상을 바라보는 것처럼 말입니다.

여기서 플라톤이 엄정하게 나누었던 실체와 현상, 형이상과 형이하의 구분은 이후 2천 년 서양철학사에서 그대로 유지됩니다. 이원론적 세계에서 무엇이 중요하고, 이 상반된 두 세계는 과연 어떻게 연결되어 있는지… 이런 문제는 후대까지 이어집니다. 뉴턴은 거인의 어깨에 올라서서

더 넓은 세상을 바라보라고 말했지요. 플라톤이야말로 서양철학사에서
후대 학자들을 넉넉히 앉힐 만큼 넓은 어깨를 가진 거인이었습니다. 하필
그의 이름도 '넓다'는 뜻입니다. 어깨가 넓어서 붙은 이름이란 설이 유력
하지요. 재밌는 우연입니다.

3화

아스파시아&아리스토텔레스

다시는 외국인을 무시하지 마라

차별이 살아 숨 쉬던 고대의 땅

사실 이들은
사제관계로
얽혀 있다.

스승님이 그렇게
노래를 부르고 다닌
소크라테스가
당신 제자였다고?

불만 있니?
걔 스승님 많고
여자 스승도 많아.

우선
먼저 활동한 아스파시아는
이오니아 출신의
(아테네 입장에서) 이방인으로

페리클레스*의 두 번째 아내로도 유명하다.
안타깝게도 그의 철학 사상에 대해서는
전해 내려오는 바가 얼마 없다.

*아테네의 황금시대를 이끈 유명한 정치가

옛날 여성들은
남성들만큼 자유롭게
공부할 수 없었다.

하지만 아스파시아
같은 기생은 달랐다.

이들은 만능
엔터테이너로...

기껏 해봤자
좋은 엄마 되는
교육 정도?

손님들과
대화하는 게
우리 업무니까
말이야.

공부는 필수야.

아스파시아는 소문난 수사학의 달인으로 쉽게 말해 말발이 엄청 좋았다.

HAHAHA

대중 연설을 갖고 노는 중~

좋아, 그럼 누나라고 불러봐.

나한테도 알려주게! 그 대화의 기술!

누나!!!

아스파시아는 아테네에서 최초로 살롱을 열었는데 똑똑한 주인의 덕을 본 건지 수많은 학자와 귀부인이 모여 자유롭게 의견을 주고받는 토론의 장이 되었다.

아스파시아~ 오늘은 나랑도 대화해주시오!

나랑도!

와아ㅡ!

하… 인기인의 삶이란…

그를 좋아한 사람들 중엔 페리클레스도 있었다.

나 아스파시아랑 결혼할래.

근데 아테네 법에 외국인이랑은 결혼이 불가능하다는뎁쇼?

누가 그런 법을 만들었는데?

당신이 동의해서 만들어진 거요!

그랬구나?!

주륵

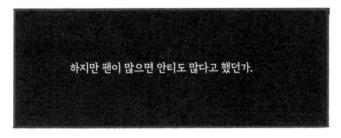

하지만 팬이 많으면 안티도 많다고 했던가.

차별의 대상인 여성 그리고 외국인,
거기다 사회적으로 멸시당하는 기생이라는 직업까지.

페리클레스가 전쟁을 벌인 게 쟤 때문이라며?

아스파시아한테 그러지 마아아악!

웅성...

웅성...

웅성...

수군...

게다가 무신론자래!

손님들한테 간음을 저지르게 사주했대.

아스파시아를 둘러싼 소문은 나날이 커져갔다.

결국 아스파시아는 재판대 위에 오르게 되지만…

아스파시아!
당신은 당신을 향한 수많은 고발에서
드러난 범죄 행각을 모두 인정합니까?

하지도 않은 일을
어떻게 인정해요?

난 아테네에서 토끼 같은 남편 데리고
열심히 제 일 해서 벌어먹은 죄밖에 없는데…

…다행히 무죄 판결을 받고 풀려났다.

누나, 수고했어.

팔자 사나운 일
겪고 왔다.

두부 사 왔어.
두부 머겅.

두부는
출소할 때
주는 거
아니니?

연설의 달인 아스파시아와
그에게서 말을 통해 철학하는 법을 배운 소크라테스.

두 철학자의 우정은 우리가 흔히 아는
'아고라의 어그로꾼' 소크라테스를 완성하는 데 크게 기여했을 것이다.

두 번째, 아리스토텔레스.

스타게이라의 부유한 집안에서
태어난 이 청년은 공부를 하기 위해
당시 학문의 핫플레이스인
아테네로 넘어왔다.
플라톤이 운영하는 학교
아카데메이아로!

안녕하세요, 플라톤 선생님.
혹시 여기 아카데메이아는
외국인 학생도 받나요?

물론이지. 외국인 학생도
여학생도 있다네.

입학 서류 작성하고
오늘부터 공부 시작하게나.

음… 그게…

책벌레인데?

새로 들어온
학생은 어때.
오빠?

플라톤의 여동생
아카데메이아의 여학생 1

그거 칭찬?

ㄴㄴ 너무 많이 읽잖아.

44

그래서일까? 아리스토텔레스가 은근히 바란 아카데메이아 원장 자리도 그에게 돌아가지 않았다.

야, 스페우시포스가 원장 자리 꿰찼다며?

앞텐 은근히 기대했을 텐데~

여기서 20년을 공부한 보람이 없네.

흥… 나는 나를 찾아주는 델 가면 되지.

아테네 어차피 마음에 안 들었어. 외국인이라고 재산도 못 가지게 하고 말이야…

아리스토텔레스는 대국인 마케도니아로 향했다.

자네가 아테네에서 한가락 하던 철학자라면서?

필리포스 2세 마케도니아의 군주

어디 내 아들 가르쳐볼 생각 없나?

시켜주시면 하죠.

거절하기엔 너무 강력한 사람의 부탁이었다.

붉은 피로 대제국을 세우고 있던 알렉산드로스는

그의 스승에게 스승의 날 카네이션을 주는 대신
학교를 지을 수 있게 도와주었다.

그렇게 아폴론 신전 앞에
세워진 아리스토텔레스의
학교 리케이온.

선생님, 알렉산드로스 대왕께서
후원금을 또 주셨는데요.

아니, 또?

아테네가 마케도니아에
정복당했던 기간에
아리스토텔레스는
알렉산드로스 코인을 타고
쭉쭉 상승세를 탔다.

뭐지, 이
미친 빽?

아테네인들

제자들(대부분 외국인)

하지만 '영원한 건 절대 없다'는
불변의 진리처럼…

선생님!
선생님!

콰앙!

알렉산드로스 대왕이
원정 중에 독약으로
암살당하고…

아테네 시민들이
선생님을 불경죄로
고발하려 한대요!

재판을 빠져나가긴 무리고
유죄를 선고받는다면
최소 독약형이래요…

어떡하죠, 선생님?

흠…

케일주스라고 생각하고
마시면 쉬워.

*독당근으로 만든 독배

그러고 보니 얘들아, 내 스승의 스승이신
소크라테스라는 분도 이런 일을 겪으셨단다.
그분도 불경죄라는 누명을 썼지.

제자들이 그분을 탈출시키려고 했지만…
그분은 아테네의 법을 지킨다는
생각으로 기꺼이 독배를 마셨단다.

그렇다면…
혹시 선생님도!

그분과 같은 길을
걸으시려는…

나는…

주섬
주섬

그럴 위인은 아니어서
너희가 붙잡기 전에
미리 피신할 생각이다.

아테네한테
받은 것도 없고.

엘.

몸 조심히
잘 있어라.

난 살러 간다.

그렇게 아테네를 떠난 지 1년 뒤,
아리스토텔레스는 자연사하게 된다.

죽기 전에 다시 한 번
내 학교에서 강의를
하고 싶었는데.
거기까지는 내 운명이
안 따라줬나 봅니다.

아테네로 돌아가지 못한 채~

그렇게 엘리시온에서
모이게 된 네 철학자…

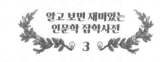
아스파시아와 아리스토텔레스

지식인 아스파시아

당시 그리스어로는 헤타이라라고 불리던 계층입니다. 어느 책에서는 고급 매춘부라고도 표현합니다. 아스파시아는 그들 중 한 사람이었고, 훗날 페리클레스의 부인이 되지만, 이런 꼬리표로는 전부 설명하기 힘들 만큼 유별나게 비범한 사람이었던 듯합니다. 아테네에서 처음으로 열린 살롱의 주인이었고, 거기서 온갖 지식인들과 부인들의 지적인 교류를 주선했습니다. 소크라테스는 물론이고 소포클레스(《오이디푸스왕》을 쓴 희곡 작가입니다)와 아낙사고라스(자연철학자)도 이 살롱에 자주 드나들었다고 합니다. 아테네인과 결혼했지만, 첫 번째 남편이던 페리클레스는 물론, 두 번째 남편도 그를 남기고 먼저 스틱스강을 건너버립니다. 아스파시아는 외국인이자 과부인 여성 혼자 몸으로, 그 차별 심했던 기원전 아테네에서 독자적인 지위를 차지한 겁니다. 그것도 지식인으로 말이죠! 이래저래 대단한 사람입니다.

아리스토텔레스의 원맨쇼

본문에는 나오지 않지만, 아리스토텔레스가 필리포스 2세와 만났을 때 스타게이라는 이미 마케도니아에 의해 멸망한 상태였습니다. 아리스토텔레스는 자기 고향을 멸망시킨 사람의 신하가 되어 그리스를 비롯한 수많은 나라를 쑥대밭으로 만들 인재를 길러낸 것입니다. 제법 아이러니

하지요.

아리스토텔레스는 학문적 관심이 아주 넓은 분야에 펼쳐져 있다는 점에서 독특합니다. 뭐든 위계를 세우길 좋아했던 스승 플라톤과는 다른 모습일지도 모르겠지만, 철학은 물론 자연과학과 정치학, 미학까지 두루두루 사랑해 마지않고 수많은 책을 저술합니다. 현대에 태어났다면 한두 개복수전공하는 걸로는 모자랐던 사람일지도 모르겠습니다. 그러니 자연과학과 시학 첫머리에 아리스토텔레스의 이름이 자리 잡고 있는 게 그렇게 이상한 일은 아닙니다. 사실 학문 분류도 제대로 되어 있지 않은 당시 고대 그리스에서는 철학이 학문과 같은 의미로 쓰였거든요. 철학자는 곧학자를 뜻하는 말이었습니다. 그러니 그때는 뭘 공부하든 철학자였죠.

이걸 요즘 시대에 대입해 말하자면, 어느 분야에서든 철학이 필요하다는 뜻으로 읽을 수도 있을 겁니다. 고뇌가 필요하지 않은 학문은 없으니까요.

하지만 그 덕분에…

4화

견유학파

서당개 3년이면 풍월을 읊는다던데
이 개는 도대체 무슨 개요

이런 개 같은 철학이 다 있나

고대 그리스에는 견유학파라는 좀 특이한 학파가 있었다.

너 대체 뭐가 문제야? 왜 나만 계속 걸고넘어지는데?

야, 라톤아. 진정해, 진정.

디오게네스! 그 손가락 접지 못하겠냐?!

아니, 스승님. 저 꼴을 보고도 진정하라는 말이 나와요???

ㅗ

같은 집안끼리 좀 친하면 어때서?

제자

제자

둘의 족보를 따지면 대충 이쯤 된다.

하지만 엄격한 계급 사회를 주장하며 귀족적인 철학을 했던 플라톤과

모든 인간이 평등하고 자유롭게 사는 철학을 추구한 디오게네스의 간극은

메꾸려야 메꿀 수 없는 것이었다.

그런 의미에서 너처럼 청렴한 척하는 귀족 즐~

아, 진짜 미친 쉐…

너 방금 욕했냐?

이 미친 쉐… …크라테스야!!!

그렇게 디오게네스는 미친 소크라테스라고 불리게 된다.

디오게네스는 거리에서 살며 거리의 철학을 했다.

그렇게 디오게네스가 개집에서 살면서
아테네를 굴러다닐 무렵…

됐고…

햇빛이나 가리지 마…

이게 나름 엄청난 매력 어필이 된 모양.

날 이렇게 까칠하게 대한 사람은

내가 대왕이 아니었다면 자네처럼 살고 싶구먼.

귀찮게 정말…

네가 처음이야♡

아테네의 시민들도 모자라 알렉산드로스 대왕까지 사로잡은 묘한 매력의 철학자.

그는 평생 자유롭게 살다가 90살의 나이에 생을 마감했다.

거참 굴러다니기만 했는데 완전 장수했네.

견유학파의 또 다른 학자들.

부부 철학자인 크라테스와 히파르키아.

크라테스
(기원전 336~기원전 286)

히파르키아
(기원전 약 350~기원전 약 280)

크라테스는 원래 부유한 집안 자제였으나… 디오게네스를 만나고 그를 따르기로 결심한다.

뭘 본 거야.

멍멍.

아이고 잘 짖는다.

스승님은 왜 안 짖으세요?

멍멍.

그런 크라테스에게 감화될 한 여성. 그도 명문가의 자제였다.

이리 와봐, 히파르키아! 진짜 재밌는 철학자를 소개해줄게.

◀ 오빠 메트로클레스

하지만 크라테스의 비혼 의지만큼
히파르키아의 결혼 의지도 강했다.

결혼!!!! 결혼!!!!!

거기 너, 인마!!

엥?

파악

이 쉐끼가
귀한 남의 집
딸내미를!

팍

아니, 제가
꼬신 게
아니라니까요.

팍

일단 저도 정말 결혼할
마음이 없고요…

그쪽 가족 다
반대하시니까…

절!대!결!혼!

나!랑!결!혼!

얘 마음만 돌려놓으면
어떻게든 해결이
될 것 같거든요…

히파르키아, 진정하고 날 좀 보세요.

내 눈엔 이미 Only You.

이상한 소리 그만하고.

이게 당신이 남편으로 삼고 싶어 하는 남자의 모습입니다.

내가 가진 거라곤 방금 벗어던진 옷가지뿐이지요.

이런데도 나랑 결혼하고 싶나요?

이 정도면... 맨날 화려한 것에만 둘러싸여 산 부잣집 자제라면 단념하겠지.

그래, 나는 초라한 사람이고... 당신과는 어울리지 않아...

네!!!!!!!!!!!

결국…

나도 이젠…
모르겠다…

행복하게 살게요~!

크라테스와 히파르키아는 결혼했고,
둘 다 견유학파의 철학자로서 길거리에 살며
그들의 철학을 했다.

두 사람은 당시의 전통적 부부 관습을 따르지 않고
행복한 삶을 살았다.

디오게네스가 안티스테네스에게 스승이 되어달라고 조를 무렵의 일이다.

히파르키아는 여성 철학자로서
공공연한 비난에 시달리기도 했지만…

거참, 베틀 앞에 안 앉아 있는 여자라니.
집안일도 안 하고.
아내로서 하는 일이 대체 뭐요?

나는 물론 베틀 앞에 안 앉아 있어.

하지만 내가 그 시간에 더 중요한
정신 활동에 몰두한다고는
생각하지 않는 거야?

…늘 멋있게 받아쳤다.

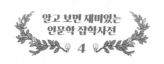

법 없이도 길가에서 잘 사는 사람들

자연에 따르는 삶, 불필요한 모든 것을 제거한 삶, 길가의 개처럼 사는 삶! 이것이 견유학파가 생각하는 이상적인 삶이었을 겁니다. 소크라테스가 살던 소박하고 검소한 삶(소크라테스는 맨발로 다녔습니다. 돈도 제대로 못 벌었으니 당연한 일이었겠지만요)에 큰 영감을 받은 모양입니다. 아무래도 창시자가 소크라테스의 제자이니 말입니다. 안티스테네스는 쾌락을 느끼는 것보다는 미치는 쪽이 낫다고도 말했습니다. 그런 걸 쫓다가는 오히려 더 불행해지기 쉬우니까요. 외부의 유혹과 강제에 시달리지 않는 삶이야말로 좋은 삶, 덕을 갖춘 삶 아니겠습니까.

견유학파의 일원이었던 디오게네스는 상당히 진설적인 인물입니다. 이번 화에 나온 것 말고도 여러 다른 기행(?)이 전해 내려오고 있습니다. 정직한 사람을 찾는답시고 등잔을 들고 이집 저집 돌아다녔으며, 어린아이가 컵으로 물을 마시는 걸 보고 "컵은 삶에 반드시 필요한 게 아니야!"라고 말하며 컵을 빼앗아 던졌고, 동상에게 구걸하다가 지나가던 사람이 뭘 하냐고 묻자 "거절당하는 연습을 하고 있었다"라고 했으며, 귀족이던 플라톤이 어지간히 아니꼬웠는지 흙 묻은 발로 그의 침대를 더럽히고 나왔다고 하죠… 어디까지가 진짜이고 어디까지가 전설인지는 불분명하지만 말입니다.

　　하여간 견유학자들의 삶은 빈곤할지언정 많은 이를 정신적으로 고무시켰습니다. 다만 모든 사람이 그들을 긍정적으로 본 건 아닙니다. 이렇게 생각하는 사람들도 있었죠. '꼭 그렇게 전부 버리고 살아야 해? 나는 내가 갖고 싶은 거 가지고, 누리고 싶은 거 누리면서 살고 싶은데… 난 즐겁게 살고 싶다고!'

　　이렇게 생각한 이들은 키레네 출신 철학자 곁에 모여 쾌락주의 학파를 창시했습니다. 그리고 비슷한 시기 아테네에 생긴 또 다른 성격의 쾌락주의 학파도 있습니다. 바로 다음 화에 나오는 이야기이죠.

쾌락주의

그들만의 리틀 포레스트

5화가 되었지만 아직 고대 아테네…

로마는 언제 나오는 거?

헬라스에 뼈를 묻는 거다.

아카데메이아
플라톤이 세운 학교.
인기 많았음.

리케이온
아리스토텔레스가 세움.
역시 인기 많았음.

당시 수많은 학파가
모인 아테네에…

키니코스 학파
다른 말로 견유학파.
인기는 모르겠고
땅바닥에서 공부 가능.

뉴비가 등장했다.

에피쿠로스

(기원전 341~기원전 271)

에피쿠로스 학파의 창시자
(다른 말로는 정원학파라고도 함)

당시 아테네의 식민지였던 시모스 출신인 에피쿠로스는…

뭐야, 그럼 얘도 외국인이야?

ㄴㄴ
부모가 아테네인이라 외국인 아님.

공부를 하기 위해 당시 학문의 성지 아테네로 온다.

뭐야 뭐야, 공부할 곳을 찾아?! 그럼 당연히 아카데메이아지!

2천 년간 회자할 플라톤 라인에 미리 줄을 서보세요!

ㅋ 거참, 아카데메이아 같은 구식을 누가 가냐?! 요즘은 리케이온이지!

걍 너도 길바닥에서 사는 건 어때?

우리는 아직 교장도 살아 있다고! 망명했지만…

고인물들의 치열한 뉴비 영입 경쟁

에피쿠로스의 픽은 바로
원자론을 처음 제시한 이 사람!

카~ 너는 어떻게
이미 죽은 놈을
찾아내냐?
고스트 철학왕 찍을 겨?
내가 도와주지!

데모크리토스
(기원전 약 460~기원전 약 380)
에피쿠로스랑 동시대 사람 아님

너만 없었어도
내가 과학을 포기하는
일은 없었을 텐데…

원자론…

원자 크기가 왜 이렇게
제각각이야?

뭐, 그때는
이렇게 생각했대.

세계는 분리될 수 없는(A-tome)
작은 원자로 이루어져 있다는 이론.

현대과학에서 배우는 '원자'의 시작!

아낙시만드로스

피타고라스

등등...

엠페도클레스

원자론은 소크라테스 이전 철학자들의 논의 속에서 나왔다. 이들은 주로 외부 세계인 자연을 탐구했는데...

특히 세상을 이루는 궁극적인 물질이나 원리가 지대한 관심사였다.

탈레스 선생님은 물이라 하셨어.

헤라클레이토스 선생님은 불이라 하셨어.

내가 물 쏟는 게 보이지 않느냐 아아이 아아악

이거봐라 내 수염 탄다 내 수염 탄다고

살신성인의 자세

데모크리토스는 그것을 원자라는 작은 알갱이라고 본 것이다.

세상 모든 건 원자의 우연한 결합☆

물론 너도!

크윽...!! 자연철학자들은 늘 이런 식이야...

지각이다
지각~

그렇게 세상 모든 것의 탄생을
원자의 '아이쿠☆부딪혀버렸네?'로
설명하다 보니까

뭔가 생각난 게 있지.

뭔데요, 그게?

우리가 어떤 물체를 차갑다고 느끼는 것도
그 물체의 원자와 우리 몸의 원자가 부딪혀서
그렇게 느껴지는 거겠지!

그렇다면 우리가 느끼는 '정의'나 '선'에 대한
감각도 그렇게 우연하고 상대적인 것 아닌가…
그렇다면 좋은 게 좋은 거 아닌가?

절대적인 선이 있는 게 아니라 우리에게
좋게 느껴지는 게 선한 거다 이거지.

뭐, 근데 나는 여기까지
잘~ 생각만 해봤고
써먹는 건 너다?

잘해봐~ 그러다
망해도 내 탓은 아님.
ㅋㅋ

살아 있는
선생을
들일 걸
그랬나!

지도교수를 잘못 선택한 것 같은데요!

뭐, 그래도…
우리 삶에서 쾌락이
선이라는 건 맞는 말이야.

오예! 그럼 우리
이제 막 놀아도 되는 거?!

이제 매일 밤
파티투나잇이다!!

벌떡

떡!

Y!O!L!O!*

댄스!

댄스!

아…
아니, 잠깐…

*You Only Live Once: 삶은 한 번뿐이니 끝장나게 놀고 가자!

모여봐요
에픽의숲

내가 말한 건
이쪽인데 말이야.

?!!

그리고 당시 아테네 대부분의 학교는 귀족 남자만 받아들였으나…

여성 노예 !!

WELCOME!!

에피쿠로스는 자신의 학파에 여성과 노예도 차별 없이 받아들였다.

그러니 신분제와 차별이 확고하던 아테네의 높으신 분들에게 안 좋게 찍히는 건 시간문제였다.

여성과 노예도 차별 없이 공부할 수 있다고?

쾌락주의라고 하면 뭐 밤새워 먹고 놀고 하는 건가?

그런 걸지도 몰라요. 일단 좋아 보이진 않아요.

제거

어떻게 하실 건가요?

그야 당연히 분탕 치는 미꾸라지는 제거해야지. 차별 철폐라니… 그런 위험한 소리를… 지금이 서기 2000년대인 줄 아나.

꾹

병사 준비해서 전부 정원으로 가라.

데모크리토스의 집안은 부자였다.

그는 유산으로 받은 돈으로 엄청나게 여행을 다녔다.

에피쿠로스 학파의 여성학자 레온티온도
아스파시아처럼 기생이었다.

나도 한가락 하거든.

리케이온 VS 정원

레온티온은 아리스토텔레스의
제자와 논쟁을 펼친 적 있는데,
주제는 바로 '여성과 결혼'!

레온티온은 여성 차별적 주장을 하는
상대 앞에서 여성을 옹호하는 내용의
논문 박치기를 시전했다…

…고 하지만 구체적 자료는
현재까지 전해지고 있지 않다.

아니, 뭐 남은 게 없어?
다 잃어버렸어?

네 책은 2천 년 후에
남아 있을 것 같니?

키레네 학파와 스토아 학파

진짜 먹고 노는 쾌락주의: 키레네 학파

이 학파의 이름은 창시자인 아리스티포스의 고향 이름에서 따왔습니다. 이들이야말로 즉각적이고 감각적인 쾌락의 추종자들입니다. 모든 인간은 쾌락을 추구하며 살고 그것이 매우 당연한 일입니다. 그러니까 우리는 쾌락의 총량을 가능한 한 늘리는 게 좋은 것이죠. 금욕과 절제, 심사숙고, 관조적인 태도가 주는 쾌락은 덜 생생하고 덜 강력합니다. 우리가 따라야 할 것은 먹고, 사랑하고, 원하는 사치품을 얻었을 때 느끼는 바로 그 강렬한 쾌락이죠! 현대의 소확행(소소하지만 확실한 행복)과 YOLO(You only live once)도 이런 쾌락주의에 속하는 개념일지 모르겠네요.

어쩐지 닮은 금욕주의: 스토아 학파

윤리 책에서 자주 에피쿠로스 학파와 세트로 묶여 나오는 학파입니다. 우리말로는 금욕주의라고도 합니다. 쾌락주의와 상당히 대비되어 보이지만 사실 최종적인 결론은 에피쿠로스 학파와 동일합니다. 검소하고 절제된 삶을 사는 것! 다만 거기까지 흐르는 과정이 다른 것뿐입니다.

스토아 학파는 우선 범신론적 세계관을 가지고 있습니다. 세계 전체는 그 자체로 하나의 자연이고 신입니다. 이 안에서 세계의 모든 요소는 각기 긴밀하게 연결되어 맞물려 흐릅니다. 모든 것은 이 세계, 그러니까 신의 섭리에 따라 발생하죠. 우리는 세계 안에 살고 있을지언정 거기서 벌어지는 일에는 전혀 손대지 못할 겁니다. 신이 정한 일을 인간이 바꿀 수 없으니까요.

#그것이_스토아의_삶 #APATHEIA

하지만 이런 태도 때문이었는지 스토아 학파는 에피쿠로스 학파보다 오히려 더 사회적이었습니다. 인간이 사회를 이뤄야만 하는 존재라고 생각했거든요. 로마의 자연법과 만민법 사상도 스토아주의 아래에서 나왔으니, 이들도 만만찮게 서양 역사에 큰 영향을 끼쳤다고 할 수 있습니다.

6화

이번 화는 이전에 다루지 못한 에피소드를
짧게 풀어내는, 이른바 쉬어가기 타임.

사실 고대 그리스는 너무 먼 옛날이기도 하고,
그리스 신화의 고향답게 문인들이 신화 쓰던 가락으로
화끈하게 날조한 것도 많기에…

여기 나온 내용이 전부 사실이라
보장할 수 없음을 미리 밝힌다.

고대 그리스의 자연철학자들

아주 초기의 자연철학자들이다.

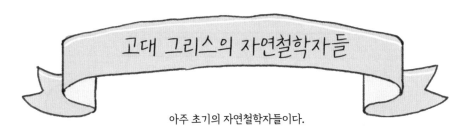

이오니아 학파:
상권이 발달한 이오니아를 중심으로 모인 학파. 이들은 순수한 호기심을 가지고 자연을 탐구했다.

자연을 이루는 물질은 뭘까?

물.

탈레스

피타고라스 학파: 피타고라스가 만든 종교단체 중심.

인간은 소우주~

우주의 질서를 탐구하는 것은 곧 인간을 탐구하는 것!

피타고라스

그들에게 자연 탐구는 종교활동의 일환이었다.

우리 덕에 다음 애들이 형상이니 질료니 하고 토론할 수 있었던 거 아니겠어.

(아마도) 질료 중심

(말하자면) 형상 중심

피타고라스 학파는 학교였지만 종교단체였기도 한지라…

이렇게 모인 김에 밥이라도 같이 먹읍시다.

당신 사이비라는 게 사실인가요? 피타고라스 정리 배울 때만 해도 그냥 수학자인 줄 알았는데.

아뇨, 당신들처럼 학교 좀 운영하는 거죠.

사이비라니, 그게 무슨 그리스도도 태어나기 전 시대에 가당키나 한 기독교적 발상인지. ㅎㅎ

까앙

오엄마야!!

털썩!

이런 교리도 있었다.

이거 밥에 콩이 있잖아!! 콩은 신성해서 먹으면 안 된다고!

사이비 맞네, 이 자식!!!

아님.

Q. 남편분이 돌아가셨는데 현재 심정은?

(기록상) 최초의 그리스 여성 학자를 발굴해낸 곳도 피타고라스 학파이다.

테아노
수학자 겸 철학자
피타고라스의 아내

- 이제 (남편이 운영하던) 이 학교는 제 겁니다.

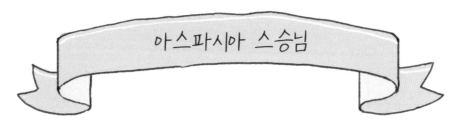

아스파시아 스승님

때는 소크라테스가 아스파시아 밑에서 공부할 무렵.

긴말 않고 바로 저번 시간에 배웠던 거 복습하도록 하겠다.

저번에 가르쳐준 내용은 확실히 외웠지?

누나…

뭔데? 할 말이라도 있냐?

…
저번에 뭘 배웠는지 기억이 안 나.

너어어어는 인마! 아테네 최고의 지성 어쩌고로 팔릴 놈이 저번 수업 때 배운 거 복습도 안 해 오냐?!

으아아아아아 폭력 반대!!!!

◀ 욱하면 매 드는 스승이었던 모양

91

백조의 꿈

이 일은 플라톤이 소크라테스를
만나기 하루 전.

소크라테스는
꿈을 꿨다.

아니, 이 백조는
뭐람…?

바로 거대한 백조가
품에 안기는 꿈!

머쓱 안녀세요?

그리고 다음 날…

이 친구가
내 꿈에 나왔던
백조…

사랑방.

하지 마!!!

집어치워,
이 분위기!!

그는 지금으로 치면 과학, 예술, 정치학, 철학 등
다양한 분야에 관심을 가졌고, 그래서 이런 분류가 가능했다.

그리고

아리스토텔레스가 남긴
다양한 분야의 수많은 저작을 분류하는
일은 그의 제자들이 맡게 됐는데…

뒤는 맡긴다~

아휴, 이걸
언제 한담?

…이건 뭐지?

자연학도 아니고
윤리학도 아니고.

애매한데…?

몰라. 대충
자연학 코너
뒤에 꽂으면
되겠지.

세월이 흐른 뒤…

Φυσικῆς

이 책은 뭐지?
내용 이상하네.

표지에 마땅한
이름도 없는데?

자연학 뒤에 꽂혀 있는
그 책이라고 할까?

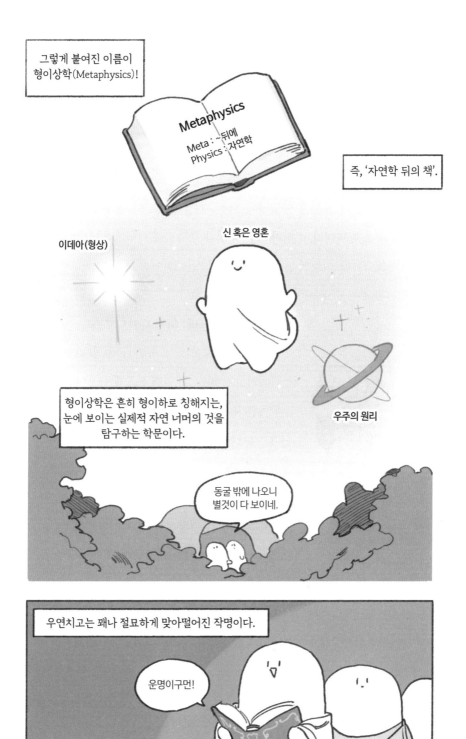

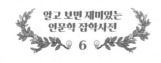

소크라테스 이전의 자연철학자들

많은 철학책의 시작이 소크라테스이기에 종종 소크라테스 이전에는 철학자가 없었나 싶지만, 아닙니다. 당장 저번 화에도 이 얘기가 나왔죠. 이들은 주로 자연이나, 우리가 사는 세계가 무엇으로 이루어졌는지에 대해 연구했습니다. 이들의 연구가 곧 과학의 시초입니다.

이오니아 학파: 아낙시만드로스

라파엘로의 그림
〈아테네 학당〉 속
왼쪽 구석에서 필기하는 사람

아낙시만드로스가 속한 곳을 밀레토스 학파라고도 하는데, 밀레토스가 이오니아에 위치한 도시라서 의미 차이가 크지는 않습니다. "세계는 무엇으로 구성되어 있는가?"라는 질문에 탈레스는 "물(습기)!"이라고 대답했죠. 다만 아낙시만드로스는 "물로는 부족해! 세계는 대립하는 성질이 다투며 이루어지는 폭주 현상이야!"라고 했습니다. 따뜻한 것과 차가운 것이, 건조한 것과 습한 것이 서로 싸우며 운동한다는 뜻입니다.

성질이 4개가 나오는 점에서 4원소설이 생각나지만, 그건 엠페도클레스라는 사람의 작품입니다.

헤라클레이토스: 판타 레이!(Panta rhei: 만물은 흐른다)

"우리는 같은 물에 발을 담글 수 없다"라고 말한 사람이 헤라클레이토스입니다. 강물은 계속 흐르고 있기 때문이죠. 헤라클레이토스는 운동과 변화만이 세상에 실재한다고 주장했습니다. 세상에 그 무엇도 영속하지 않습니다. 그러니 세계가 무엇인지 구시렁대는 것보다 우리 내면을 탐구하는 게 좋다는 것이 그의 결론입니다. 이오니아 학파와 피타고라스 학파 그 어느 쪽에도 속하지 않는 사람이었죠.

〈아테네 학당〉 속 중간쯤에 혼자 앉아 있는 사람

엠페도클레스: 4원소설의 아빠

파르메니데스라는 사람이 있었습니다. 헤라클레이토스와 정반대로 모든 것은 단일하고 부동불변하다고 보았죠. 엠페도클레스는 파르메니데스와 달리 네 가지의 각기 다른 질료(흙, 불, 물, 공기)를 제시하며 이들이 결합

하고 분화하여 세상의 다양한 물질을 만들어낸다고 생각했습니다. 다윈의 자연도태설과 비슷한 주장을 하기도 했지요.

소피스트가 등장하던 시기는 바로 이들의 연구가 시들해졌을 무렵입니다. 가설을 뒷받침해줄 증거를 찾는 것이 당시의 기술로는 힘들었으니, 자연히 제시한 문제들의 답을 찾을 수 없었고, 그만큼 위축되었습니다. 소피스트들은 그들과 달리 현세에, 인간 사회에, 출세에 관심을 둡니다. 그리고 소크라테스가 등장했을 때 드디어 인간에 대한 탐구가 서양철학에서도 본격화되기 시작합니다.

7화

히파티아

유사품에 주의하세요!

이번 이야기의 배경은 기원후 4세기의 알렉산드리아.

기원전 그리스가
엊그제 같은데…

알렉산드리아는 알렉산드로스 대왕이
자신이 정복한 땅 위에 지은 도시다.

여러 개의 알렉산드리아가 있지만
이집트에 지어진 도시가 가장 유명하다.

대왕의 DIY CITY

이번 화 또한 이집트의 알렉산드리아에서 벌어진 이야기다.

에휴.

예수가 죽었다가 부활했다.

로마는 대제국 건설 중.

땅따먹기. ㅎ

철학자치고는 특이하게
직업이 로마 황제인 아우렐리우스 황제와
그가 속한 스토아 학파가 지나갔다.

예수
천국~

기독교는 성장하는 중.

한때 기독교는 로마에서
박해 대상이었지만 박해를 금지하는
법이 생기면서(밀라노 칙령)
서양에서 점점 흥하고 있었다.

그리고 알렉산드리아엔
히파티아라는 여성 철학자가 있었다.

미모와 지성을 겸비한
그는 동경의 대상이었지만…

저렇게
그리면
되남?

라파엘로

플라톤의 머리!!
아프로디테의 미모!!

기독교가 아닌 종교를 믿었다는 이유로

광분한 폭도들의 손에
무참히 죽고 만다…

저런…

가엾게도…

내 얘기 중이었냐?
이 종이는 뭐람?

~사실은 많이 왜곡된 전설~

히파티아

(355~415)
철학자 겸 수학자

죽었을 때 나이가
60살이잖아?!

아버지

히파티아는
철학자의 딸로 태어나
어렸을 때부터
좋은 교육을 받고 자랐다.

다 큰 히파티아는
신플라톤주의 학자였다.
그 당시 플라톤을
열심히 공부하고 가르친
학자 1이었단 소리다.

교수님, 멋져~

그렇다.

죽은 지 800년이
지나도 이 사람의
철학은 죽지 않았다.

히파티아는 플라톤의 철학을 따라
이데아, 이상, 형상 등을
바람직하게 여겼으며

우리 철학은 엘리트주의죠?

그렇다고 안 할 것도
아니잖니.

신체적, 물질적인 것은
보다 열등하게 여겼다.

I. 고백과 가르침

그런 히파티아에게 한 제자가 고백을 하는 일이 생겼다.

이 행동을 한 이유는 다음과 같다.

여성의 신체란
이상적으로
아름답지
못하다는
사실을 전달하고

제자에게 아름다움 자체,
즉 '미의 이데아'를
사랑하도록 만들기 위해.

충격이 컸는지 제자는 바로 마음을 접고 공부에 몰두한다.

가르치는 일에
충실함.

축하~

하긴 이런 걸로 충격 먹을 정도면 사랑 안 하는 게 맞음.

교수로서 히파티아는
그야말로 인기인이었다.

수많은 사람이 그의 강의를 듣고
존경을 표했기에

알렉산드리아라는 도시가 사랑한 여자라는
별명이 붙을 정도였다.

그런데 히파티아는 60살이 될 때까지
이교도 활동을 하지 않았고
오히려 말년에
기독교로 개종했다.

그럼 우리 쌤은
왜 죽은 겨?

제자 중에
주교도 있음.

히파티아의 말년에 두 사람이
정치적 세력 다툼을 벌이고 있었는데

오레스테스
알렉산드리아의 권력자

낄 생각 없음

키릴루스
새로 부임한 주교

마녀다!!

우라–!

키릴루스가 오레스테스의 세를 꺾고자
오레스테스와 친한 히파티아를
마녀로 몰아 제거한 것이다.

마녀!!!

푸웃———!

이 일로 히파티아는 죽고
오레스테스는 알렉산드리아를 떠난다.

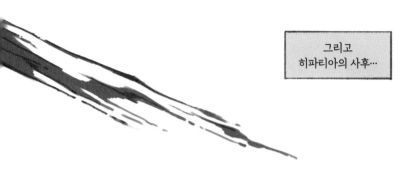

그리고
히파티아의 사후…

수많은 학자가 자신이 생각하는 바를 전달하기 위해
히파티아의 이야기를 각색하고 왜곡했다.

그랬나?

순수한 여성이
기독교 폭도들에게
살해당했습니다!

이로써 헬레니즘의 마지막
이상주의자가 사라지고
암흑기의 중세로…

그렇게 변형된 히파티아의 역사가
오늘날까지 전달되어온 것이다.

참 신기하구만.

〈여담1〉

서양 2천 년 역사의…

플라톤 고쳐 쓰기는 계속된다…

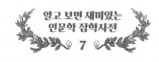

여성 철학자들은 다 어디로 갔담?

　여성 철학자들은 대부분 가려진 역사입니다. 말하지 않으면 사라지거나 말해도 왜곡되는 경우가 많죠. 히파티아도 그중 한 명입니다. 이번 화에서는 그에 대한 이야기만 다룰 수밖에 없었지만요.

　앞서 말한 여러 학파에서도 늘 여성 철학자들이 있었습니다. 피타고라스 학파를 이어나갔던 피타고라스의 아내 테아노와 그의 딸들, 소크라테스의 스승이던 아스파시아, 플라톤의 《향연》에 등장하는 여사제 디오타마(소크라테스에게 사랑에 대한 가르침을 주었다고 합니다), 플라톤의 여동생 포토네, 아카데메이아에서 플라톤에게 가르침을 받은 여성 제자인 악시오테아와 라스테니아(이들은 공부하기 위해서 남장을 해야 했습니다), 견유학파 학자 히파르키아, 키레네 학파의 여성학자인 아레테(창시자 아리스티포스의 딸로, 아버지로부터 철저히 교육받아 키레네 학파를 물려받았습니다. 아테네에서 강연을 하면서 40권이 넘는 책을 썼습니다)와 라이스, 에피쿠로스 학파의 레온티온, 당시에는 유명한 지식인이었다고 하나 현대에는 그 기록이 남지 않은 테미스타, 그리고 히파티아까지! 이름난 사람들이 이 정도이니 실제로는 더 많았겠죠.

　비록 서양철학에 남성 철학자들의 시각이 많이 반영되어 있지만 여성 철학자들의 존재를 하나씩 꺼내다 보면, 그 어느 시대에서든 남성이 철학을 온전히 독점한 때는 없었음을 알 수 있습니다.

8화

아우구스티누스

이 주먹… 이 주먹으로 난 북아프리카의 짱이 되었다.

개종한 지금은 평범하게 지내고 있지만 말이다.

기독교에서도 내가 짱이 되려 했으나 올라가야 하는 고통을 난 안다.

하나하나 쓰러뜨릴 때마다 끝없이 도전해 오는 싸움꾼들…

그것을 견뎌야 마지막에 정상에 설 수 있는 게 바로 짱이란 걸…

성인(Saint)이 된 일진짱

아우구스티누스 이야기

저기… 내가 어쩌다 끌려오긴 했는데… 누구세요?

저는…

한때 이교에 몸담았으나 지금은 충실한 주님의 종, 교부 아우구스티누스입니다.

엥?

교부(敎父)란 초기 기독교회를 이끌고 신앙을 정립한 사제들로 '교회의 아버지' 같은 역할을 한 이들을 지칭하는 말이다.

길 뚫어뒀으니까 뉴비님들은 잘 따라오시면 됩니다~

이 성직자 아니잖아.

아우구스티누스는 신학자이자 철학자로서

기독교의 교리와 신앙을 정립하는 데 크게 기여했다.

너 내 철학을 프리소스처럼 써먹는다?

지식재산권도 사후 70년이면 소멸인데 당연하죠.

플라톤의 철학을 교리에 녹여낸 그는 신학을 뒷받침하는 데 철학을 쓴 인물 가운데 첫 번째 주자라 할 수 있다.

또 아우구스티누스는 기독교로 개종할 사람들을 위해…

<Confesiones>
1. 나의 MBTI…
2. 나의 결혼운동…
3. 나의 1번자리…

※이런 내용 없음

자신이 어떻게 살아서 어떻게 기독교로 개종했는지에 관해 TMI가 난무하는 방대한 분량의 회고록을 썼다.

오늘의 이야기는 바로 여기서 발췌했다.

~일진에서 성인까지~

어린 아우구스티누스

그래도 기독교는 좀…
믿고 싶지 않은걸?

북아프리카에서 태어났으며
기독교인 어머니와
함께 자랐다.

본인 입으로 그렇게 말하진 않지만
지난 행적으로 판단해보면,
하기 싫은 건 죽어도 안 하는 성격이었다.

뻐억

버억

때려서 더 하기 싫어.

안할거야
멋지다~

존냄 쉬름.

아니그리스어공부좀
하라고!! 배우라고!!
내가너한테사람
죽이라고시키냐?!

그것도아닌데뭐가
이렇게배배꼬여서는
말을처안듣냐!!
그리스어배우자고!!
너한테도좋다고!!

버억

※학생을 때리면 안 됩니다.

뻐억

맞으면서 배우는 게 싫어서 그리스어를 끝까지 안 배움.

봐봐요! 때리지 않아도 참 잘 배운다니까요! 사람은 때리면서 가르치지 않아도 된다니까요!

꾸욱—

꼭 천사 같네~

아뇨, 그냥 세상에서 제일 귀여운 악마 새끼인데요?

아닌 건 아님.

자꾸 울면서 주변 어른들을 자기 맘대로 조종하려 들고…

아직 뭣도 모르는 아기가 이렇게 악마적인 짓을 하는 거야말로 인간이 원죄를 가지고 있다는 증거겠죠?

※실제 발언

아우구스티누스는 그럼에도 계속해서 상냥한 방식으로 사람들을 가르쳤다.

※카르타고 교사 시절

자! 나는 오늘부터 너희들과 함께 공부할 선생님이다.

난 다른 선생님들처럼 때리지 않고 성숙한 토론을 통해…

여러분을 대우해… 으잉?

우당탕탕

와아아악

하지만 선의가 언제나 좋은 결과를 부르는 건 아닌지라.

117

학생들에게 시달린 아우구스티누스는 결국 교사 일을 그만두고 로마행을 택한다.

인간은 죄인임에 분명합니다…

학생들 너무… 무서워요…

뭐야, 뭔 일이 있었던 건데.

차라리 죽여줘

우당탕!

촤악

몹시 험난한 바닷길을 뚫고 말이다…

아우구스티누스는 원래 다른 종교를 믿었지만 이후 기독교로 개종했고…

그건 별 이야기 없냐?

딱히? 그냥 살다 보니 그쪽으로 마음이 기울어졌는데.

우리가 아는 교부 아우구스티누스가 되었다.

내가 왜 그랬더라?

가톨릭의 주교가 된 이후엔 은근히 자신의 흑역사를 부끄러워한 모양인지…

탈선을 일삼던 과거와 달리 엄격하고 금욕적인 교리를 내세웠다.

특히 아우구스티누스는
성적으로 금욕하는 삶이
이상적이라고 가르쳤는데…

이것도 꽤 이 사람 탓이다.

뭐 하니?

파아앗─

플라토닉 러브요.

Plato: 플라톤
Platonic love: 플라톤식 사랑
=육체를 무시한 순수하고 정신적인 사랑

이후 기독교가 금욕을 중요시한 데는
아우구스티누스의 영향이 컸을 것이다.

그리고 서양의 중세는
기독교에 먹혔으니…

이제 중세는 아주
꽉 막힌 분위기가 되는 거죠.

〈여담1〉

아우구스티누스는
부부 사이에서도 금욕을 요구했다.

애 낳으려는 거
아니면 그런 거
하지 마!

이 사람도
가톨릭교도임.

그래서 자기 아들을 낳은
여자와도 이를 실천했다.

결혼은 안 했지만
꽤 오래
사실혼 관계였음.

그녀는 꽤
오랜 시간
아우구스티누스의
동반자였는데…

잘 있어야 해.

아우구스티누스는
재산 상속 문제 등
여러 가지 이유로
다른 사람과
결혼하며
그녀와 끝내
헤어지고 만다.

그리고 많이 쓸쓸해했다.

힝.

내가 나쁜 사람이오…

〈여담2〉

말년이 된 아우구스티누스는
감상적으로 변했는지
별의별 것에 다 감탄한다.

하느님이 만든 세상은
정말 아름답구나!

심지어 방귀조차.

이건 우리 몸의
다른 쪽 입구가 내는
노랫소리입니다!

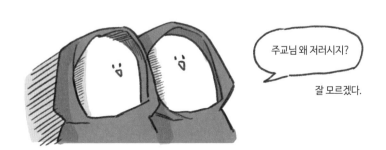

주교님 왜 저러시지?

잘 모르겠다.

중세 철학 이야기(1):
스콜라 철학

　사람들마다 차이가 있지만 대략 4세기에서 14세기(그 이후로는 르네상스)까지를 중세라고 합니다. 당시의 문화는 그리스도교와 수도원을 중심으로 발전해나갔습니다. 종교의 권위가 그 어느 시대보다 강했습니다. 이때를 유럽 역사의 암흑기라고 칭하는 사람도 있습니다. 찬란한 문화를 꽃피운 고대 그리스와 근대 유럽의 과학적 발전에 비해 중세는 종교 문화말고는 건질 게 없다는 뜻에서 말이죠.

　하지만 중세에도 공부하는 사람들은 있었습니다. 수도원과 학교에서 주로 신이라는 절대자의 존재, 종교적 세계에 대해 연구했습니다. 이때의 철학은 신학에 가까웠습니다.

이런 판을 깔아준 게 초기(2세기~4세기 무렵) 교부 철학입니다. 예수가 태어난 지 얼마 안 된 시기에 기독교의 지위는 조금 처참했습니다. 교부들은 로마를 비롯한 여러 지역에서 행해지는 박해를 피해 숨어 살며 기독교의 전통을 이어갔습니다. 그들의 노력 덕분에 기독교는 명맥이 끊기지 않고 로마의 국가 종교 자리를 지나, 서양의 오랜 역사 동안 지배적인 사상으로 자리매김하게 됩니다.

교부 철학은 본문에 나와 있듯 신플라톤주의를 신학과 적절히 조화시킨 것이 특징입니다. 11세기경에는, 신학교들을 중심으로 한 스콜라 철학이 전개됩니다. 신앙이 이성보다 절대적 우위를 점하고 있었던 교부 철학 시대와 달리 이들은 이성으로 신앙을 보완하려 했습니다. 이를 단적으로 표현하자면 다음과 같습니다. 교부 철학이 "알기 위해 믿는다"면, 스콜라 철학은 "믿기 위해서 알아낸다"를 추구한다고요.

아래는 스콜라 철학이 나오기 전, 그 토대를 만든 10세기 이후의 철학자들입니다.

캔터베리의 안셀무스

스콜라 철학의 아버지 격인 인물입니다. 《프로슬로기온》이라는 책에서 신의 존재를 증명하려 시도했습니다. 그 또한 신플라톤주의자입니다.

피에르 아벨라르

별명이 '프랑스의 소크라테스'였다고 합
니다. 인간의 인식과 언어, 논리학을 열정적으
로 탐구했습니다. 중세에서는 은근히 언어가
논쟁거리였습니다. 유명론(신 같은 건 이름뿐이
지!)과 실재론(신은 실재한다고!)이 열심히 싸우
면서 발전한 덕분입니다. 아벨라르는 이 둘 중 어느 하나에도 엮이지 않
고 동시에 비판하면서 확고한 자신만의 철학을 전개해나갔습니다.

그리고 아주 유명한 사랑 이야기의 주인공이기도 합니다. 그 이야기
는 다음 화에!

때는 유럽 중세
(대략 4~14세기)

뭐야. 중세가
왜 이렇게 칙칙해.
내가 책에서 본 거랑
다른데?

그건 내가 설명해줄게.

흔히 유럽의 중세라 알려진 건
사실 근대의 이미지.

화려한 저택

칸트

우아한 드레스

중세의 실제 비주얼은 이러하다.

칙칙한 성

부분 대머리
이발한 수도사들

실질적 구청장인
봉건제의 왕

일억 이천
전부 농도들

이는 중세가 사람이 아닌 신 위주의 시대이기 때문.

이 덕분에 종교 문화는 매우 웅장하게 발전.

하지만 포크도 없는걸.

적당히 살고 천국 가자!

인간보다 기독교신을 더 챙긴 것이다!

이 당시의 철학 또한 신학을 뒷받침해주는 따까리 취급을 받았다.

으아아아악!!!

때는 1100년대…

파리 근교에서 비극적인 사건이 벌어진다.

시간은 과거로 흐른다.

우리 엘로이즈 요즘 공부 잘되니?
비싼 과외 선생님 모셔왔어요~

말 잘 듣고
공부 열심히 하렴~

정말요? 알겠어요!

필베르의 조카딸, 엘로이즈
(?-1164) 당시 10대 초반

그렇게 필베르의 집에 오게 된 아벨라르.
그는 당시 파리에서 가장
촉망받는
젊은 학자였다.

잘 지내보자~

그런데 사실 과외 선생은 페이크고
아벨라르에겐 다른 목적이 있었다.

아벨라르는 예전에 엘로이즈를
보고 이미 반해 있는 상태였다.

그래서 엘로이즈를 꼬시기 위해
은근슬쩍 과외 선생님을 자처한 것…

…이라는데, 여기까지 맞나요?

나이 차가 20살인데…

아벨라르는 곧장 엘로이즈의 연인 자리를 꿰찼다.

아니, 이게 되네?!!!

그것도 모자라 둘은 1년 만에 아이도 가졌다.

엘로이즈, 공부는 잘...

진도를 그렇게 빨리 뺐다고?!

그리고 그 사실을 들켰을 때 다른 지역으로 도망쳤다.

으아아아아악!!

맞나요?

아니하지만 들어보세요.

그 뒤에 내 명예를 걸고 정식으로 결혼도 했잖아요?! 당신이 허락해줬으면서!!

그걸 하고 싶어서 했냐?! 어쩔 수 없어서 했지! 우리 집안도 명예가 있는데!!

SOS를 친 엘로이즈를
아벨라르는 수녀원으로
몰래 빼돌린다.

그리고…
자른 건가요?

그래! 그래서 잘랐다!
새끼가 결혼을 했으면
책임을 져야지,
애를 수녀원으로 보내?!

아무리 생각해도 빡쳐서
혀를 자를까 거시길 자를까 하다
걍 거시길 잘라버렸다.
됐냐?!
내가 뭘 잘못했냐!!

진정하시고요!

그래도 이건 재판이니
공정해야겠죠.

대성당 참사위원 퓔베르,
남에게 해를 끼친 건 맞으니
당신은 위원직 박탈입니다.

아벨라르 당신은…
잘 살아보세요.
죽은 건 아니니까…

피에르 아벨라르는
이후 수도원에 들어갔다.

그는 자신의 고난 일대기를
편지로 써서 아는 친구에게
보냈는데…

부끄러운
삶이었어…

이 편지는 우연히…

이 양반은 그동안 나한테는
연락도 없더니
남한테는
잘도 이런 편지를
보내고 있었다고?

수녀원장이 된 엘로이즈의
손에 들어가게 된다.

수녀원에 들어갈 때만 해도
어린 소녀였던 엘로이즈는

아벨라르가 수도원에
처박혀 있을 동안
수녀원장으로 자랐다.

어이가 없어서…

몇십 년 전 둘의 결혼식…

자기야, 나는 우리가 정말 잘하는 건지 모르겠어.

우리의 부끄러운 행각을 가리려고 결혼을 한다는 것 말이야.

※중세 시대 사고

…책임지는 거니까 좋지 않아?

아니, 안 좋아! 난 자기랑 자유롭게 사랑하고 싶었던 거지. 결혼 같은 제도에 묶이고 싶었던 게 아니라고!

이제 가정을 꾸리면 둘 다 공부에 전념할 수는 있기나 해?!

그게 자기야…

난 하기 싫다고 했는데 자기가 우리 숙부님이랑 얼렁뚱땅 정해버렸잖아!

사랑이 결혼의 완성이 아니라 아이를 갖기 위한 결합이었으며 아내는 남편에게 종속되던 시절에

자유롭게 사랑하는 자신의 모습 그대로 남고 싶어 했던 여성 엘로이즈…

133

아벨라르가 바라던 대로
수녀원에 들어간 엘로이즈는

어느새 수녀원장이자
뛰어난 지식인으로
자라 있었다.

그사이, 거세와 함께 모든
자신감을 잃어버린 아벨라르는
엘로이즈에게 거의
연락을 하지 않았다.

그럼에도 엘로이즈는
겉으로는 수녀원을
착실히 이끌어가는 모습을
보이면서 마음속으로는
여전히 아벨라르를
사랑하고 있었다.

헐.

그때 딱 그 편지를
받아보게 된 것이다.

134

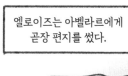

엘로이즈는 아벨라르에게
곧장 편지를 썼다.

그동안 연락도 없더니
남한테는 우리 얘기를
하고 다니신다고요?
정작 사랑하는 나한테는
아무 연락도 없더니!

엘로이즈?!

아벨라르가 이 편지를 받고
답장을 하게 되면서…
오랫동안 단절되어 있던
부부는 다시 소통하게 된다.

엘로이즈, 당신도 잘 알겠지만…
우리의 사랑은 한때의 정욕이며
부끄러운 죄에 지나지 않소…

난 아직 당신과의 추억을
소중히 여기고 있다고요.

내 사랑은 죄가 아니에요!

우리 둘 다 그런 일에는 손 씻고
신을 위해 사는 것이…

당신이 다친 건 우리 사이를
증오한 적들 때문인데
왜 우리가 참회를 해야 하나요?

얼레벌레 요약본.JPG

이후 아벨라르와 엘로이즈는
서신을 통해 연락을 주고받았다.
이 그림은 100% 과장이지만.

분명 8통 아니었나?

편지가
이렇게나!

변심한 아벨라르와 달리
엘로이즈는 모든 편지 안에서
변함없는 자신의 사랑을
당당하게 이야기했다.

훗날 엘로이즈와 아벨라르를
같은 묘에 합장할 때

아벨라르의 유해가 엘로이즈를 안으려
팔을 벌렸다는 설도 있지만.

에휴.

두 사람 중 사랑이 무엇이고
어떻게 하는 것인지 제대로 알고
있던 쪽은 엘로이즈였을 것이다.

위원직에서 짤린 필베르는 1년도 안 되어
참사위원 자리에 복귀한다.

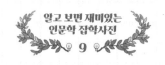
중세 철학 이야기(2):
후기 중세 철학

후기 스콜라 철학에서는 플라
톤의 제자인 아리스토텔레스의 이
름이 널리 퍼집니다. 그전까지 아
리스토텔레스는 이슬람 학자들이
주로 연구하고 있었습니다. 그리스
어 문헌도 동방에 가 있었죠. 이들
은 중세 유럽이 그리스도에 점령
당할 무렵, 이집트와 페르시아까지

영토를 넓히며 거기에 있던 헬레니즘(그리스) 문화를 흡수했습니다. 물질
적, 문화적 풍요와 함께 온갖 실용적 학문을 꽃피웠지요.

스콜라 학자들은 아리스토텔레스의 원전을 이슬람계에서 수입해 왔
습니다. 이븐 시나와 이븐 루시드 같은 아랍 학자들의 주해와 주석을 보
고 공부했죠. 다만 플라톤의 철학에 비해 아리스토텔레스의 철학은 그리
스도교 신앙에 흡수시키기가 까다로웠습니다. 애당초 이데아나 원형과
모사품의 위계관계 같은 거, 인정하지 않으니까요! 이 때문에 그의 철학
은 종종 금지령을 먹었으나 결국 적절히 승화됩니다.

토마스 아퀴나스

스콜라 철학의 대표 주자입니다. 플라톤과
아리스토텔레스는 물론, 아랍과 유대교 사상,
그리스도교 사상을 한데 종합해 중세 철학의
완전체를 만들어냈습니다. 자연법 사상도 유
명하지요.

여성 신비가들

신비주의 사상은 신(그리스도)과의 합일 체험을 중시했습니다. 이들의
신앙과 사상은 주로 여성 철학자들을 통해 전개되었습니다. 폴리뇨의 안
젤라, 헬프타의 게르트루트, 하데베이흐 등이 있습니다. 이들이 남긴 저
작은 신학과 문학 측면에서 높은 가치를 지니고 있습니다.

윌리엄 오컴

유명론의 대표 주자로 신학의 토대가 되는 형이상학적 체계에 대해 많은 의심을 품었습니다. 무용한 형이상학적 가정을 잘라내기 위해 '오컴의 면도날'이라는 방법론을 제시하기도 했습니다. 오컴의 면도날은 필요 없는 전제들은 전부 잘라내라는 내용을 담고 있습니다.

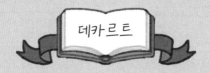

10화

데카르트

병약한 학생이었던 내가 근대 철학의 아버지이자
금발벽안 미소녀 여왕님의 과외 선생님이 된 건에 관하여

지금이야 그냥 생각 좀 하고
살라는 말 같지만…

생각도 안 하면
그게 사는 거냐?

개인이라는 개념이 희박했고
오로지 신 중심으로 흘러간
중세의 세계관에서

아임 코기토!

MIDDLE AGE

인간의 이성이 중심이 되는
근대의 세계관으로 넘어가는 데
큰 역할을 한 발언이다.

이성 중심적(합리주의) 세계관의 기초를 제공했다는 점에서
'근대 철학의 아버지'란 별명이 붙은 데카르트는…

…매우 병약했다.

컬럭
케럭
헉
커흑
쿽

EP1. 아침 수업

10대 시절 빡빡한 기숙학교를 다닌
데카르트는
아침 일찍 일어나는 게 늘 고역이었다.

자, 이게 이번 학기
시간표입니다~

1교시를 어떻게 해?
모르겠다… 나 그냥
안 일어나고 퇴학당할래…

침대>>>학교

그렇다는데요, 교장선생님?

아, 뭐래는 거야?! 공부 잘하는 것 말고 재주도 없는 놈이!

뻐걱

덱아! 듣고 있냐?! 교장선생님이다!

뻐걱

힘들면 걍 오전 수업 나오지 마! 오후 수업만 나와도 넌 봐줄게!!

그 덕분에 데카르트는 정말 오후 수업만 들으며 학교에 다녔다.

학교 안 그만둬서 다행이다.

EP2. 데카르트 좌표계

30년 전쟁* 에도
참전했다. ▶

데카르트는
허약한
체질이었지만
한때 군인으로
일했다.

대체 왜?

공짜 해외여행을
시켜준대서.**

(사기당한 거 아님)

*30년 전쟁: 17세기 유럽에서 구교(가톨릭)와
신교(프로테스탄트) 국가 사이에 벌어진 종교전쟁
**당시엔 해외로 나가기 위해
전쟁에 참전하는 게 흔한 일이었다고 한다.

갑자기 창을 든다고 해서
사람이 허약해지지 않는 건
아니었으니…

○○ 언젠 안 그랬냐구.
푹 쉬어~

야… 나 좀 쉴게…
너무 아프다…

천장에 웬 파리가…

가만 보자. 파리가 저쪽 천장에서 위로 조금 이동하고 다시 옆으로 이동…

위잉~

파리의 위치를 이렇게 표현한다면!!

그렇게 탄생한 데카르트 좌표계.

우리가 배우는 좌표 평면이 바로 그의 작품이다.

거참, 나도 워낙 똑똑해야지.

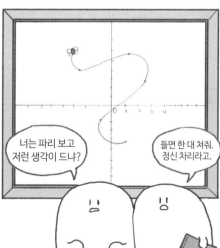

너는 파리 보고 저런 생각이 드냐?

들면 한 대 쳐줘. 정신 차리라고.

EP3. 아침 수업(reprise*)

*reprise: 재현부

나 이제
군인 안 하고
학자로 살련다.

명성 얻으니까
벌이가 나쁘지
않아.

시간이 지나고 중년에 접어든
데카르트.

그래?
아쉽네.

프리랜서로 일하니
얼마나 좋아~

자고 싶을 때
자도
문제없고.

오랜만에
방해 안 받고
정오까지
푹 자야지~

당장 일어나요,
데카르트ㅇㅇ!!!

오매,
폐하!!

이 누추한 곳까지
무슨 일로…?!

프리랜서는 무슨!
짐의 철학교수로 취직했잖소?

어렵게 스웨덴으로
데려왔건만!

크리스티나 국왕
(1626~1689)
당시 스웨덴 여왕

그러긴 그랬죠?
근데 지금 아침인데…
제가 아침에는 잠을 자야 해서…

원래 오후 되어야
← 일어나는 사람

어쩌라고? 한 나라의 수장이 시간이 남아도는 줄 아나!

가능한 시간이 아침뿐이니 아침에 수업하러 와주시오!

평소 기상시각

잃어버린 수면시간

예정 기상시각

정확하게 몇 시요?

아침 5시. 에누리는 없소.

망했다?!!?!!

아무리 억울해도 상대는 왕.

데카르트는 얄짤없이 새벽 찬 공기를 들이마시며 출근하게 되었다.

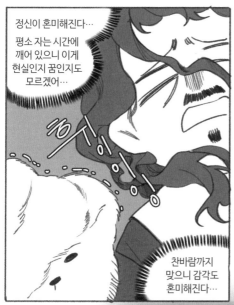

정신이 혼미해진다…
평소 자는 시간에
깨어 있으니 이게
현실인지 꿈인지도
모르겠어…

찬바람까지
맞으니 감각도
혼미해진다…

사실 이게 전부
꿈이라면?

헤헤. 꿀잼.

어떤 악마가 전기자극을
주고 있는 거라면?!

수업한 줄 알았더니
꿈이었던 적도 많잖아?

어흑
안 잤어요,
폐하!!

수업
끝났는데요…

날 둘러싼 현실…
그리고 나의 존재…
이 모두 꿈일 수도 있어.
그렇다면 이 세계에서
'있다'고 장담할 수
있는 건 뭐지?!

그건 오로지…
내가 지금 이런 생각을
하고 있다는 사실
하나뿐 아닌가?!!

"Cogito, Ergo Sum"
나는 생각한다, 고로 존재한다.

그래…! 내 육체나…
데카르트라는 존재…
그런 건 모르겠지만
적어도 내가 이런 생각을
한다는 사실만큼은…
!!

151

일찍 일어나서 무리한 탓일까,
찬바람을 너무 많이 쐰 탓일까?

시름시름 앓던 데카르트는
1년 후 폐렴으로 죽는다.

천국에서는
일찍 일어나라고
닦달하는 사람
없겠지…?

몸은 허약했지만 여러 분야에서
강한 영향력을 행사한 학자는
그렇게 별이 되었다.

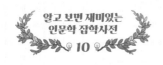
근대 철학의 문을 열다

근대 철학의 아버지라니, 참 거창한 수사입니다. 하지만 데카르트는 분명 그렇게 불릴 만한 일을 했습니다. 그 유명한 'Cogito, ergo sum'. 영어로 하면 'I think therefore I am'인데, '나는 생각한다, 고로 존재한다'라는 뜻입니다. 멋있죠.

중세와 근대 사이에는 르네상스가 있습니다. 넓게는 1400년대부터 1600년대를 르네상스라고 보는데, 왜 이 시기에 르네상스(부활)란 이름이 붙었을까요. 바로 고대 문화가 부활한 시기이기 때문입니다. 정확히 말하자면 중세의 기독교적 세계관과 생활방식에 염증을 느끼던 사람들이 고대 그리스의 문화를 하나씩 발굴해내기 시작합니다. 한때 서양을 지배한 고대 그리스의 미학과 이성이 부활하고 세상의 중심은 신에서 인간으로 옮겨가기 시작합니다.

보헤미아의 공주 엘리자베스
데카르트와 가장 열심히 학문적으로 교류한 사람들 중 하나

데카르트의 철학은 이러한 르네상스적 세계관을 만드는 데 크게 기여했습니다. 데카르트 철학의 제1전제가 코기토(cogito: 생각하는 나)이니까요. 신보다도 먼저, 가장 확실하게 그 존재를 확신할 수 있는 무언가입니다. 이를 보면 개인의 생각을 존중하는 서양의 가치관이 그냥 생겨난 건 아닌 모양입니다.

아무튼 이 내용이 적힌 데카르트의 대표적인 책《방법서설》은 라틴어가 아니라 프랑스어로 쓰였습니다. 참고로 이 당시 학문에 사용되는 언어는 전부 라틴어였습니다. 지금 우리나라 사람들이 영어로 논문 쓰는 것과 같은 이치죠. 프랑스어로 적었다는 건 더 많은 사람이 보고 읽을 수 있게끔 민중의 언어를 사용했다는 뜻이죠. 그러니 내용도 쉽습니다. 철학적인 이야기만 하면 머리 아파서 덮을 사람들을 위해 자기 군복무 시절 이야기도 살짝 섞었죠.

그 말인즉 제가 2020년대에 쓰고 있는《인문학 거저보기》같은 걸 데카르트는 1600년대에 썼다는 겁니다. 선배님이네요!

11화

파문에 파문이 이는 삶

저 사람은 왜 저기서
사람들한테 짓밟히고
있는 거예요?

한때 파문당했던 사람이란다.
우리 공동체에서 다시 받아주는 대신
벌을 받는 거라고 하던가…

하지만
너무하잖아요.

이 아이의 정체는…

바뤼흐 스피노자
혹은 베네딕투스 데 스피노자
(1632~1677)

네덜란드의 철학자, 광학자로서
데카르트의 뒤를 잇는
합리론자다.

스피노자는 유대인 상인의 아들로 태어났다.

근데 공부하는 게 마음에 들어서 그러는데 가업은 네가 이을래, 동생?

뭐, 이 미친 쉑, 아니, 형아?

스피노자가 앞서 목격한 사람은
우리엘 다 코스타.

포르투갈 출신의 유대인으로,
신은 곧 자연이라는 자연주의적
사고를 가지고 있던 사람이다.

유대교 교리와는 다른 사상을 펼쳐서
두 번 파문당했다.

그런 수모를 겪고
어떻게 계속
살아 있겠어?

우리엘 다 코스타는
지금까지의 행위를 부정하고
다시 유대인 사회 안으로 들어가기 위해 치른
'참회식'에서 큰 굴욕을 당하고
얼마 안 있어 자살했다.

그는 스피노자가 8살 때
이웃에 살았다.

요즘은 종교의 자유가
썩 보장되는 시대이지만

?

어디서든
완전히
보장되는 건
아니지!

하지만 적어도
이게 잘못되었단
인식은 있으니까.

스피노자가 살던 시대에
종교의 힘은 막강했다.

이 시대의 대표적인 사람이 갈릴레오 갈릴레이.

오~ 이제 보니
하늘이 도는 게 아니라
지구가 태양 주변을
도는 듯?

아, 취소.

아무리 생각해도
하늘이 도는 듯.

돈 건 내 정신머리인 듯.
목숨만 살려주세요.

그리고 데카르트도 있다.

제 논리에 따르면
세상에서 존재한다고 확신할 수 있는
제1 전제는 신도 그 무엇도 아닌
생각하는 나 자신(Cogito)입니다!

아!

신 존재 증명할 테니
봐주심 안 될까요?

비록 데카르트와 갈릴레이는
가톨릭의 박해를 받았고,

스피노자는 유대인 사회에
속해 있었지만…

이때는 서양 어디에서나
교리에 거스르는 말을 하면
잡혀가는 것이 당연했거니와

오히려 그만큼…
종교에서 벗어난 새로운 시각이
활발하게 탄생하던 시기이기도 했다.

언제까지고 사람이
중세에 머물러
있을 순 없지.

파이팅―

스피노자는
이들보다 한 세대
이후의 사람이다. →

교리에 맞는지
아닌지는 중요치 않아!
이성적으로 탐구하자!

범생이~

꼬마 뎈~

연―

믁믁믁믁

그러던 어느 날…

바뤼흐 스피노자!
자네는 신을 의심하는 말을
친구들에게 했는가?

???

아, 저, 그게…

이상, 그는 낮에도 밤에도
잠잘 때도 일어날 때도 저주받으며,
주님이 절대 그를 용서하지 않을 것이다!

누구든 그와 말을 주고받지 말고,
돌봐주지도 말아라! 근처에도 가지 말고
그가 쓴 책을 읽지도 말아라!

스피노자의 사상은 범신론이다.
비록 무신론자는 아니었지만
그가 생각하는 신은 종교의
인격신과는 사뭇 달랐다.

그러니까 모든 자연은
신 안의 속성에 따라
서로 인과를 맺고 살아가기에
우연은 없다 이거지.

그렇담 모든 게
이미 결정되어 있단
소리 아냐?

응.

내가 이런 생각을 하게 된 것도,
그래서 파문당한 것도,

사람들 눈을 피해
다락방에서 광학렌즈
깎는 일을 하게 된 것도,

결국 그렇게
결정되어 있었던 거야.
그러니 난 분하거나
슬프지 않아.

어째서?

파문당한 스피노자는
다시는 유대인 사회로 돌아가지 않고
렌즈 깎는 일을 하면서 살았다.

무신론자라는 혐의 탓에
자신이 쓴 책이
금서가 되어가는 와중에도
꾸준히 집필 활동을 했으며…

45살의 나이로 생을 마감했다.

〈여담2〉

스피노자의 결정론이란,
세상 갈 길은 다 결정되어 있으니
쓸데없는 정념에 사로잡히지 말고
매일 자기 할 일에나 충실해보자는
생각으로도 이어진다.

그래서 세상이
망해도 한 그루 사과나무를
심겠단 말을 한 거구나…

? 그거 내가 한 말 아닌데?

마르틴 루터
(1483~1546)
종교개혁의 주역

내가 했어도
이상할 말은
아니지만~

그럼 누군데?!

얘~
아니면 얘네 시대에
유명한 문장이었을지도~

168

신과 수학을 사랑한 철학자

스피노자의 세계관은 범신론은 물론, 결정론적인 측면에서 스토아 학파와 여러모로 유사한 면을 가지고 있습니다.

스피노자의 대표작 《에티카(윤리학)》의 원제는 '기하학적 순서로 증명된 에티카(Ethica in Ordine Geometrico Demonstrata)'입니다. 제목은 윤리학이지만 형이상학에 관한 이야기를 더 많이 합니다. 스피노자의 윤리학이 그의 독특한 형이상학적 체계 위에서 쌓아 올려졌으니 어찌 보면 당연합니다. 기하학적 순서는 정의-공리-정리-증명으로 이루어져 있습니다. 철학 논의에 이러한 수학적 엄밀함을 추구한 건 이를 통해 명백한 체계를 쌓을 수 있다는 신념의 반영입니다.

Quod erat demonstrandum
라틴어로 '증명 종료'를 뜻함.
수학에서 증명을 마칠 때 쓰는 기호.

이걸 (본인 피셜)
윤리학 책에도
때려 박는다.

스피노자를 행복이나 긍정, 사랑, 기쁨이란 키워드로 엮는 사람도 많습니다. 실제로 스피노자는 행복을 추구한 철학자가 맞습니다. 다만 그

행복이 최종적으로는 신을 관조하면서, 그에 대한 지적인 사랑을 통해서 얻는 행복이라는 거죠. 사람들이 흔히 생각하는 어떤 소박하고 감각적인 행복을 추구하진 않았습니다.

원래 이름은 바뤼흐 스피노자였는데, 유대인 사회에서 파문당한 후로는 베네딕투스 데 스피노자라는 라틴어 이름을 사용했습니다.

여담으로 당시 렌즈 깎는 일은 꽤 첨단 광학 기술이었다고 합니다. 안경테는 물론이고 과학 실험과 연구에 쓰는 광학기구에도 손으로 깎은 렌즈가 필요했으니까요. 그만큼 아무나 할 수 없는 정교한 직업이었으니 그걸로 생계를 유지하면서 연구를 하는 게 가능했을 겁니다. 그는 인생 대부분의 시간을 골방에 틀어박혀 렌즈를 깎으며 살았습니다. 간간이 들어오는 교수직 제안은 개인 연구에 방해가 된다면서 거절했습니다.

다만 모든 경우에 이러한 초연함을 지키고 살진 않았습니다. 1672년, 그가 살던 네덜란드 헤이그에서 정치적 지도자였던 비트 형제가 선동당한 민중에게 무참히 살해당한 사건이 있었습니다. 그 사건이 일어난 날 밤, 분개한 스피노자는 집 밖으로 나와 살해 현장에 '극악한 야만인'이라고 적은 종이를 붙이려고 했습니다. 하지만 집주인이 스피노자가 나가지 못하도록 막았습니다. 만약 나갔다면, 스피노자는 진폐증이 아니라 민중에게 찢겨 죽은 걸로 역사에 기록되었을 겁니다.

12화

라이프니츠

1) 지식재산 기본법 제3조 제1호.

지식재산을 소중히 여기도록!

세상에 존재하는 모든 글 뒤에는 글쓴이가 있다.

그리고 이번 화는 저작권과

고트프리트 빌헬름 라이프니츠
(1646~1716)

…라는 더럽게 긴 이름을 가진 철학자의 이야기다.

1. 미적분은 누구 거?

라이프니츠는 철학자, 합리론자, 수학자, 역사학자이지만…

사실 철학 시간보다 수학에서 더 유명하다.

바로 미적분을 만든 사람이기 때문!

$$\int_a^b f(x)dx = f(a)dx + f(a+ \cdots (흐각)$$

내가 수학을 포기하게 만든 놈!

수능 때 수학 풀어서 22점 나온 사람 ▲

라이프니츠는 학자치고 드문 '인싸' 속성을 가진 사람으로서
수많은 자리를 전전하며 바쁘게 일했다.

▲여기에 아인슈타인도 들어감

미적분도 라이프니츠의
대표 업적 중 하나이다.

그거 내 거 아닌감…?

이 사람이 누구냐면…

나는 사과도 떨어뜨린다는 아이작 뉴턴.

아니… 내가 분명히 네가 발표하기 전에 만들었는데…

엇?

에?

이 자식이 내 걸 베껴서 발표했나 본데?

라이프니츠는 당황했다.

저 연구, 나는 처음 보는 건데.

아니, 애초에 이 새끼를 처음 보는데 뭔 소리여?

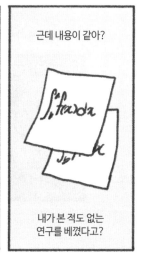

근데 내용이 같아?

내가 본 적도 없는 연구를 베꼈다고?

전말은 이러하다.
미적분은 뉴턴이 먼저 만든 게 맞다.

하지만
라이프니츠가 베낀 것도 아닌 게…

이 지독한 아싸 수학자가 지가 만든 걸
발표하지도 않고 꼭꼭 숨겨뒀기 때문.

자기가 미적대는 동안
따로 연구한 랍니츠가
미적분을 발표한 걸 보고…

뒤늦게 와서 자기가 먼저 만들었다고 이러는 것이다.

이 둘은 이 문제로 법정까지 갔다.

당시 법정이 들어준 건 뉴턴의 손.

표절범 쉐끼!

하아...

이 때문에 미적분은 오랜 시간 뉴턴이 단독으로 만들었다고 알려졌으나…
요즘은 라이프니츠의 억울한 사정도 알려져 함께 거론되고 있다.

그래, 나 표절 안 했다고!!!

ㅇㅇ

2. 모나드는 누구 거?

1때보다 쪼끔 젊었던
라이프니츠는
지인에게 받은 한 철학자의
논문을 읽었다.

모나드(단자)에 관한 연구였다.

원자랑 비슷한 건데, 완전히 물질적인 게 아니라
형이상학적·정신적 개념도 포함된 것이다.

제대로 설명하면 너무 어려우므로 자세한 설명은 생략한다.

이게 세상의 실체를
구성하는 기본 단위라…

신박한걸.
설득력 있고.

반짝!

이거 잘 다듬으면
내 이론 하나
만들 수 있겠어.

행동력이 좋았던 라이프니츠는
그 논문을 참고해
자신만의 단자론을 완성했다.

이것이 내
철학자로서의
업적!

우왕.

존멋.

그래서 이게
님이 처음 만든
거라고요?

뭔 소리야, 그게!

〈참고문헌〉

잠깐! 내 참고문헌 어디 갔어?!!!

이쯤에서 시간을 돌려 잉글랜드로 간다.

아아~ 여보. 머리가 또 아파요.

천재의 삶은 고달파요.

차 마시고 쉬엄쉬엄 해요.

앤 핀치 콘웨이
(1631~1679)
잉글랜드의 철학자

당시 여성은 대학에 들어갈 수 없었지만…

우리 동생이 얼마나 공부를 잘하는지 알아?!

차별로 차별을 이긴다

나 자작이야! 너 나보다 높아?!

부인께서는 편지를 통한 이시국 화상 강의도 괜찮으신가요?

그는 특별 케이스였다.

가족을 위해서라도 제가 뭐가를 보여주겠어요! 간다아아~!

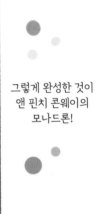

그렇게 완성한 것이 앤 핀치 콘웨이의 모나드론!

콘웨이 자작은 그걸 다른 사람에게 넘겼다.

저희 여보 자기가 쓴 논문인데요. 한번 좀 읽어주세요.

자작 부인의 논문! 제가 잘 읽고 돌려드리겠습니다.

그리고 이 논문이 여러 사람의 손을 거쳐…

라이프니츠의 손에
들어오게 된 것이다!

라이프니츠는
앤 콘웨이의 글에
영향을 받았다고
분명히 밝혔지만…

앤 콘웨이가 여자인 탓인지,
라이프니츠가 너무 거물인 탓인지…

어느 순간
앤 콘웨이의 이름은 지워지고…

라이프니츠의 이름만 남았다.

이러면 내가 맨날
표절만 한 것 같잖아~!!

▲ 그런 적 없음

〈여담1〉

라이프니츠와 스피노자는 실제로 만난 적이 있다.

합리론?

합리론!

세계의 실체는?
역시 무수한 단자로
이루어진 개별자들이죠!

신이 유일 실체죠!

하하. 그렇다면 신은
모든 것을 있게 하는
근원…

모든 게 신이죠?

생각이 달라서
친해지진 못했다.

가…갈 길 가지?

그러든가!

당시 중국에 다녀온 유럽 선교사들의 영향으로
라이프니츠도 중국에 관심을 가졌다.

책도 썼을 정도.

183

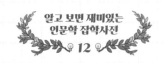

라이프치히 대학의 라이프니츠

라이프니츠는 신의 일원론적 체계를 말한 스피노자와 달리 무한히 많은 개별적인 실체(모나드: 단자)가 세상을 구성하고 있다고 했습니다. 사실 단자에 대한 설명은 제가 많이 뭉뚱그려놓은 감이 없지 않아 있습니다. 원자는 질료이지만, 단자는 거기에 형상 개념이 가미된 더 복잡한 개념이거든요. 자세한 내용은 가까운 철학 책을 참고해주시는 편이 좋습니다.

라이프니츠는 활동적인 데다 공부한 분야도 넓고 저술도 많이 한 사람이었지만 그렇게 체계적이지는 못했나 봅니다. 세상을 떠났을 때 그의 뒤에는 어마어마한 분량의 미출판 원고와 완성되지 않은 계획들이 남았습니다. 벌여놓은 일은 많은데(예컨대 베네딕트 수도회나 영국 왕립학회, 프로이센 학술원 등과 협업하여 엄청난 분량의 백과사전을 만들려 했습니다) 하나도 수습을 못 하고 죽었죠. 달리 말하면 죽기 전까지는 그런 일을 벌이고 진행할 만한 기력이 있었던 모양입니다.

무신론자랑 엮인 게 들키면 내 커리어에 문제가 생길 거야.

라이프니츠는 스피노자와 만난 뒤 그와 교류한 흔적을 전부 없앴다.

13화

홉스

정치는 라인이 중요해!(1)

그리고 오늘의 주인공은…

한때 베이컨의
비서로 일한
홉스다.

토머스 홉스
(1588~1679) 영국 철학자

〈사회계약론〉

홉스	만인의 만인에 대한 투쟁 어쩌고저쩌고
로크	간접민주주의 왱알왱알왱알
루소	직접민주주의자아아아아연

사회 시간에 배우면 이름이 비슷해서
늘 헷갈리는 사회계약론자 3인방 중 한 명이자…

어려워!

가자, 우리의 사회!

LEVIATHAN

그중 가장 나이가 많은
첫째를 담당한다.

유럽 대륙과
기술 발전 수준도
사회 분위기도
제법 다르던 영국.

왜지?

브렉시트
준비 중.

학문적으로도 대륙의 합리론과 달리…

정말 인간 이성으로
뭐든지 알 수 있나…

그런 가능성이
인간에게…

관찰하자!
원래 인간은 자기가
겪어본 것만 알아!

경험론이라는 게 꽃핀다.

홉스는 베이컨과 함께
경험론의 단초를 제공한 사람이자

난 합리론자였는데…

훗날 유럽 전역에 켜질
혁명의 불길에 불씨를
제공한 정치철학가 중
한 명이기도 하다.

탄생

1580년대 영국 서남부 시골 마을

쉬고 있는 홉스 부인

스페인 무적함대가 쳐들어온대요!

벌컥—!

애! 너무 놀라서 애 떨어뜨렸잖니! 아직 3개월이나 더 남았는데 낳아버렸네!

이걸 자기가 기억할 리는 없고 분명 커서 누가 들려줬을 텐데

내가 그때 너무 놀라서 널 깜빡 일찍 낳아버렸지 뭐니~

그게 꽤 인상 깊었는지…

그렇게 조산아로 태어난 홉스.

내가 뭘 했는데?

난 공포와 쌍둥이였습니다!

자기 입으로 이런 이야기까지 한다.

아빠는 목사였는데 모범적인 목사는 아니었던 모양이다.

두닥 두닥 쿠닥

싸우고 집 떠나서 안 돌아옴

예배 중에 자는 목사

클럽이 최고다 따씨…

다른 목사랑 주먹질하는 목사

… 역시 종교와 미신은 종이 한 장 차이 아닐까.

!!

취직

옥스퍼드대 졸업 후

캐번디시 가문에서 가정교사 구한대. 너 함 할텨?

○○

퀵하게 일자리를 찾은 홉스.

이제 평생 이 라인을 잡게 된다.

네가 내 가정교사라고? 잘 부탁한다!

◀윌리엄 캐번디시 미래의 데번셔 공작(!)

캐번디시 바나나.

당시 영국은 찰스 1세와 의회가
사사건건 부딪히고 있었다.

내 마음대로 정치 좀 하자!
내가 왕인데!!

의회가 있는데 왜 왕이
마음대로 정치를 하려고 해?!

노답!

노이해!

나대지 마!

그리고 캐번디시 가문과
홉스는 왕권 편.

그래서인지 홉스의 사회계약론은
절대군주를 지지하는 쪽으로 흘러간다.

자연상태의 치고받는 인간들

싸우지
말자!

이제 계약 맺어.
우리끼리 싸우지 말고
협동해.

사해개약

우리는 가치 살고
서로 때리지 안는다

말랑1, 말랑2, 말랑3...

나는 계약을
지키기
위해 있는
절대군쥬!

다들 자기가 한
계약에 따라
내 말을 들어야 해.

하지만 영국의 정치 싸움이 갈수록 의회 쪽에 유리하게 기울어지자…

왕당파는 목을 자르면 조용해지는구나~

도와주쇼, 프랑스!

홉스는 재빨리 유럽으로 망명.

웃긴 게 우리도 100년 뒤에 혁명하는디.

같이 망명한 웨일스 왕세자의 수학 교사 일을 하기도 한다.

...

아~ 언제 정세가 안정돼서 영국으로 돌아가냐~ 피시앤칩스 먹고 싶당~

정말?!

돌아오세요. 영국, 이제 좀 괜찮아졌어요.

영국 역사상 유일무이한
공화정이 탄생한 순간.

▲삶을 위해 신념을 포기함

그러나 공화정도 얼마 가지 않는다.
공화정의 수장이 독재를 했기 때문…

재도 그냥 목 치자?

그럼 조용해지겠지.

올리버 크롬웰
공화정 호국경
(쉽게 말해, 대빵)

웨일스 왕세자여!
영국의 왕이 되러
오시오!

어, 나 간다. ㅎ

군주정 지지자인 홉스는 이를 반겼으나…

이렇게 될 줄 알았습니다!
군주정이 이길 줄 알았다고요!

잠깐…

자기가 가르친 사람(웨일스 왕세자)이
왕이 되어서 그나마 다행이었다.

〈여담1〉

불량 목사였던 홉스의 아버지.
홉스 본인도 그런 기질을 조금 타고난 건지…

《옥스퍼드 대학의 역사와 유물》책 편집은 잘 되어가고 있나?

넵, 물론이져!

때는 홉스의 말년.

홉스한테 지면을 왜 이렇게 많이 쓴 거야?

우리 학교를 빛낸 졸업생 아닌가여?

그래 봤자 늙은이… 머리숱도 이렇게 많지 않아.

줄이고 수정해 와. 알겠지?

아…

말년의 홉스, 이 소식을 듣고 다시 일어나다.

그러시라는데요? 어쩔까요…?

197

같은 학교 출신이면 좀 띄워줄 것이지, 폄하를 해?!
도르신??? 님 도르신???

이미 다리 하나는 무덤에 들어간 늙은이 주제에
지 임종이나 신경 쓸 것이지 이런 데 관심 끄라고 전해라~

…라는데요?

말하는 뽄새 보소.
이 쉐끼 Kill해버리겠어.

늙은이한테 잡문 써서 세상 사람들
혼란스럽게 하지 말고
요양이나 하라고 전해라~

…라는데요?

캬악

※당시 옥스퍼드 학장의 실제 디스 발언을 각색하여 옮김

#필로소피_파이터_영원히

결국 죽음을 앞두고
한 번 더 싸우게 된다.

홉스는 말년에 캐번디시 가문의 저택에서 살다가 생을 마감했다.
그중 하나인 채츠워스 하우스(Chatsworth House).

훗날 제인 오스틴의
〈오만과 편견〉(2005)
실사 영화
촬영지로 쓰였다.

난 10년 전 나온
BBC 드라마로 봤는데.

남의 집에서
뭐 하는 거요?

채츠워스의 유령

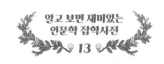
합리론과 경험론

혼히들 데카르트, 스피노자, 라이프니츠를 엮어 합리론자라고 하고 홉스와 로크, 버클리, 흄을 엮어 경험론자라고 분류합니다. 합리론은 오른손에 든 연역 추론을 주 무기로 쓰고, 경험론은 왼손에 든 귀납 추론을 주 무기로 씁니다. 큰 전제에서 작은 결론을 내놓는 게 연역이고, 작은 관찰 결과를 모아 큰 결론을 내놓는 게 귀납입니다.

예를 들어 "모든 총각은 미혼 남성이다"라는 대명제에서 "철수는 미혼 남성이다"라는 더 작은 명제를, 다시 여기서 "철수는 총각이다"라는 결론을 끌어내는 게 연역입니다.

• 연역

대전제
모든 총각은
미혼 남성이다

소전제
철수는
미혼 남성이다.

결론 철수는 총각이다!

이에 반해 귀납은 "백조 1의 색은 하얀색이다" + "백조 2의 색은 하얀색이다" + "백조 3의 색은 하얀색이다" + … + "백조 344174535의 색은 하얀색이다"까지… 이런 식으로 작은 명제들을 늘어놓고 종합하여 "그러므로 현재까지 관찰된 모든 백조의 색은 하얀색이다"라는 결론을 냅니다.

• 귀납

~관찰된 바 있는 수많은 개별 사례들~

백조 1   백조 2   백조 344174535

하얀색이다!   하얀색이다!   하얀색이다!

결론 현재까지 관찰된 모든 백조의 색은 하얀색이다.

합리론자들은 거대한 뿌리, 하나의 전제에서 사고를 시작합니다. 데카르트가 의심할 수 없는 제1명제(나는 생각한다, 고로 존재한다)에서 시작한 것처럼, 스피노자가 일원론적 실체인 신에서, 라이프니츠가 무수한 실체인 단자를 가정하고 시작했던 것처럼 말입니다.

그럼 경험론자들은? 그들에게도 시작점이 되는 명제는 있지만… 대

개 "에라, 우리가 그런 걸 어떻게 확인해?!"입니다. "신이고 뭐고 그걸 우리 경험으로 어떻게 확인하냐고?!" 이를 불가지론이라고 합니다. 신은 철학적으로 확인할 수 있는 게 아니죠! 경험론자들은 우리 감각의 왜곡된 측면을 예로 들어 우리가 어떻게 하든 우리 감각 밖의 객관적인 외부 세계에 대한 지식을 얻을 수 없을 거라고 했죠.

그래서 경험론자들은 우리 머릿속을 뜯어보는 일을 합니다. 우리가 어떻게 외부의 것들(있는지 없는지는 모르겠지만)을 받아들여 지식이나 관념을 형성하는가 보는 거죠. 이번 화에서 나온 홉스를 포함해 로크, 버클리, 흄 등이 경험론자 카테고리에 들어갑니다.

14화

로크

정치는 라인이 중요해!⑵

이전 화에 이어...

▶ 몽둥이
한 대 맞으면 기절해서
아픈지 모르고 수술 가능함.
실제로 쓰였는지는 불분명.

네, 제 이름은…

이번 화
주인공ㅡ!

존 로크입니다.

(1632~1704)
의사, 철학자, 정치사상가

〈사회계약론〉

홉스	만인의 만인에 대한 투쟁 어쩌고저쩌고
로크	간접민주주의 왱알왱알왱알
루소	직접민주주의자아아아아연

사회계약론자 3인방 중 둘째이자
경험론 전통을 잇는 철학자다.

이거 다음 화는
루소겠는데?

요즘 철학은 문과생이 하지만
이분은 확실히 이과 학도였다.

로크는 이후 섀프츠베리 백작이 되는 애슐리 경의
수술을 성공적으로 집도하여

급속도로 친해진 뒤
그의 후원 아래 연구를 시작하게 되는데…
(주로 정치·인문 관련)

근데 록아.

원래 뭘 생각하지 않으려고 하면
그게 더 생각나는 거 아니?

? 알긴 아는뎁쇼.

설마!

예를 들면 《혁명》 같은 것 말이다!!!

그렇다.
사실 이 백작님은
반왕당파의
대빵이셨다.

그리고 그의 라인을
잡게 된 로크는…

로크의 사회계약론

~사회가 없는 상태의 자유로운 인간들~

혁명 계획이 실패한
반왕당파는 우르르
네덜란드로 피신했다.

으아아아아악!
11화에서 이미
나온 내용이잖아.

네네~

혁명에 성공한 나라 ▲

정치 싸움에 휘말려
해외로 도망친
정치철학자
(사회계약론자)
두 사람의…

홉스

로크

왕당파

반왕당파

입장은 정반대였다.

왕 : 나도 내 뜻대로 정치를
의회 : 우와 님 도르신?

이후 영국에서 명예혁명이
일어나 성공했을 때…

이래서 명예혁명 ▼

우리는 피 안 보고
혁명한 거다, 그치?

으응.
아이가릿.

내려와
인마.

▲ 제임스 2세
찰스 2세의 아들

로크는 네덜란드에서 메리 공주의
귀국을 보조하는 수행원이 되어
다시 영국으로 돌아온다.

이다음
영국 왕들
▶

◀혁명 성공

윌리엄 3세
메리 남편

나름 금의환향

이후 로크는 자신의
정치철학 저서인 《통치론》을
익명으로 출간했다.
(익명으로 낸 의미는 없었음)

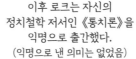

이거 한 100미터 밖에서
봐도 로크 책이다.

문장 하나하나가
'나는 로크다'라고
외치는 기분.

로크 이름 없는
로크의 책.

이 책은
프랑스 혁명과…

바스티유 감옥 습격
(1789)

◀장 자크 루소

바닷물에 차 냉침해!

다 빠뜨려!

보스턴 티파티
(1773)

미국 독립혁명에
큰 영향을 준다.

새뮤얼 애덤스▶

자유와 주권의 의미를
전 세계에 상기시킨
이 철학자는
말년에 자신의 친구와 결혼한
첫사랑이 읽어주는 〈시편〉을
들으며 눈을 감았다.

〈여담1〉

라이프니츠

보일

섀프츠베리
백작

윌리엄 3세

제임스 2세

헉

왜 다 똑같이 생김?

흐아아악!
얘도 똑같잖아.

젊은 로크

215

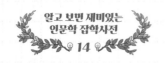

로크의 노동가치론

로크는 사회계약론자 겸 경험론자입니다. 유명한 빈 서판 이론(타불라 라사: tabula rasa)을 펼치기도 했죠. 인간의 탄생 상태란 하나같이 백지처럼 깨끗하여 그 안에 무엇을 적어 내려가는지에 따라 달라진다는 내용입니다.

자본주의의 토대가 되는 노동가치론(재화의 가치는 거기에 투입된 노동력에 따라 결정된다는 이론)도 로크의 작품입니다. 로크의 사회계약론은 그 무엇보다 사유재산을 중요하게 여기지요. 이 사유재산에는 현물뿐 아니라 개인의 몸과 권리도 들어갑니다. 개인의 사적 소유를 지켜주는 것이 국가의 역할이죠. 여기서 로크는 사적 소유, 특히 의식주 같은 것들은 노동을 통해 정당화된다는 이론을 펼칩니다. 단적으로 말하자면 일한 만큼 벌어먹을 수 있다는 소리입니다. 타자가 생존하는 데 필요한 소유물까지 가져가지 않는다는 전제 아래서요.

로크는 이 정도면 괜찮은 사회가 될 수 있을 거라 생각한 모양입니다. 전부 자신이 일한 만큼 벌어서 쓰고, 남이 일해서 얻은 걸 함부로 뺏어갈 수 없도록 국가가 관리하고… 단, 17세기 사람인 로크는 곡물과 달리 썩지도 않고 씹어 먹을 수도 없으며, 무한정 얻는다 해서 남의 생존을 직접적으로 위협하지도 않는 상품이 탄생할 줄은 몰랐죠. 그게 바로 화폐입니다.

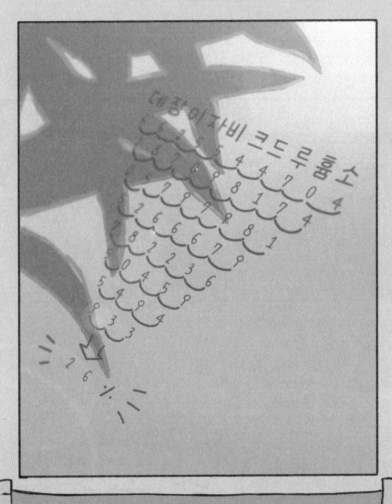

15화

우리... 친구지? (1)

세상에는 MBTI라는 게 있다.

마이어스-브릭스 유형 지표(Myers-Briggs Type Indicator)
캐서린 쿡 브릭스와 이자벨 브릭스 마이어스가 카를 융의 심리유형론을 바탕으로 고안해낸 성격유형지표.
사람이 인식과 판단을 할 때 어떤 방식을 선호하는지에 따라 인간의 성향을 크게 16가지로 분류했다.

전문가들은 잘 쓴다.

하지만 이제는 검사를 넘어 일종의 유희가 된 것 같다.

그래서 이번 화에서는
이 유행에 편승하기로 했다.

이번 화에서 만나볼 두 철학자는…

데이비드 흄
(1711~1776)
영국의 경험론자, 회의론자

E 외향적≒인싸
S 감각 위주≒현실적 사고
T 생각≒합리적
J 판단 위주≒계획적

장 자크 루소
(1712~1778)
사회계약론, 낭만주의 학자

I 내향적≒아싸
N 직관 위주≒공상적 사고
F 감정≒감정적
P 인식 위주≒즉흥적

사회계약론자 3인방
다 출석했네!

데이비드 흄
스코틀랜드 출신 철학자

아버지, 저는 판검사의 길을 내려놓고 철학하러 떠나겠습니다.

거기 취직률 안 좋다던데.

우리는 합리론자들이야.

이성을 통해 모든 걸 밝혀낼 수 있다고 생각해!

자의식 과잉, 노! 인간은 자기 밖의 뭐가 진짜 있는지조차 알 수 없음!

흄은 독단의 자리를 차지한 철학을 머리채 잡고 끌어내렸다.

그리고 사회계약론자 3인방 중 가장 막내이자…

가장 급진적인 사상을 펼친 루소.

2. 첫 만남

우중충한 영국에서 고생하다가…
(당시 잉글랜드에서는 스코틀랜드인 차별이 심했음)

프랑스에 대사관 비서 신분으로 오면서 꽃핀 흄.

살롱*을 전전하면서 사람 만나고 인기 얻고 행복하게 살고 있었다.

*당시 프랑스에서 성행한 사교모임으로, 대화와 토론의 장

두 사람은 프랑스에서 지인의 소개로 만난다.

루소도 알고 흄도 아는 지인들은 그의 선택에 우려를 표했지만...

흄은 대부분 귀담아듣지 않았다.

그렇게 둘이 프랑스 칼레에서 배를 타고 영국으로 떠났다.

앞으로 벌어질 일은 알지 못한 채…

루소의 사복 패션인 아르메니아 전통 복장!

아르메니아인:
아르메니아 고원의 토착 민족.
아르메니아는 세계 최초로
기독교를 받아들인 나라지만
가톨릭에 속해 있지는 않았으므로…
당시 세계 곳곳에 퍼져 있는
아르메니아인들은 유대인과
비슷한 취급을 받은 듯하다.
(이들도 상업에 종사함.)

모피 모자

그렇다며 이 사람은
아르메니아인인가?
아니다…
스위스인임.

긴 털 외투

단지 생각을 펼쳤단 이유로
온 나라에서 배척당하고 박해받아온
나의 모습을 아르메니아 복장으로
표현한 것이오…

약자 코스프레구나?

찐유대인

229

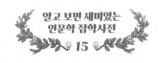
"이 자식들이 프랑스를 망쳤네"

이 말은 1789년 프랑스 혁명 이후, 감옥에서 루소와 볼테르의 책을 읽었던 루이 16세가 했다고 합니다. 진짜 그랬는지, 그냥 떠도는 이야기인지는 불확실하지만요. 루소와 볼테르는 모두 영향력 있는 문필가였습니다. 프랑스 혁명에 큰 영향을 끼쳤고, 그 탓에 해외에서 망명하며 전전하는 삶을 살았습니다. 다만 둘의 사이는 안 좋았습니다. 사상의 차이 때문인지는 몰라도, 볼테르는 신문에 당당히 루소를 저격하는 글을 여러 번 실었습니다. 물론 루소도 볼테르를 증오한다는 내용의 편지를 보낸 바 있고요.

사회계약론자인 로크와도 사상적으로 꽤 맞지 않았습니다. 루소는 완벽하게 이상적이고 평화로운 자연상태에서 살던 인간들이 사유재산을 가지게 되면서 세상이 불안해졌다고 생각했거든요. 그래서 사회를 꾸릴 수밖에 없었고요. 그런데 로크는 사유재산을 매우 중요하게 여겼거든요.

의외로 루소는 악보 필사로 생계를 이어갔다고 합니다만… 사실 그는 이미 너무 유명한 사람이었습니다. 귀부인들이 나서서 그에게 살 집을 내어주고, 후원자들이 줄줄이 붙고, 그가 필사한 악보라면 사람들이 앞다투어 "루소가 필사한 악보다!" 하면서 높은 값을 주고 샀으니 말입니다. 실상 악보 필사 능력은 그저 그랬다고 합니다. 그가 팔아젖힌 건 자신의 이름값이었을지도 모릅니다.

16 화

흄&루소

우리... 친구지?(2)

영국은 개인적으로 과거와 현재의 이미지가
가장 다른 국가 중 하나라고 생각하는데…

영국에 간 루소도 이 느낌을 체감했을지 모른다.

같이 지내며 조금씩 성격 차를 느낀 흄과 루소.

아! 당장 극장으로 출발해야 한다니까!

하지만 내가 가면 우리 집 멍멍이는~

흄은 루소에게 적절한 대피처를 찾아준 뒤에…

이 집 딱 마음에 드는걸?

그럼 다행이네.

이후 편지도 안 쓰고 교류도 하지 않게 된다.

그러고 보니 옛날에도…

아냐ㅠ 내가 신경
못 써준 탓이지ㅠ
자네는 정말 내
소중한 친구야ㅠ

♡눈물의 화해쑈 상상도♡

흄! 미안해!
내가 자네를
오해했네!

자네는 정말
좋은 사람인데…

뭐지?
이 쓸쓸함…

친구라고 했으면서
되게 일적으로 대하네…

그게
뭔 소리?
우리 뭔 일
있었나?

쩌적!

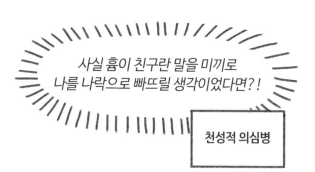

사실 흄이 친구란 말을 미끼로
나를 나락으로 빠뜨릴 생각이었다면?!

천성적 의심병

한편 루소의 뒷조사를 마친 흄.

결국 둘의 관계는 몇 가지 오해와

그보다 심각한 성향 차로 인해 깨지고 만다.

결국 루소는 영국을 떠나 프랑스로 넘어갔다.

〈여담1〉

서양 학자들에게 가장 큰 고난인
무신론자 혐의.

데카르트
나는 생각하므로 존재한다

갈릴레이
그래도 지구는 도는 듯해

다만 흄은
당당한 '찐'이다.

흄은 대장암으로 고생하는 말년에도
절대 기독교를 믿지 않았다.

내가 만일 그 앞에 서면
무슨 변명을 해야 할지
고민했는데

아무리 해도 마땅한 게
생각나지 않는 거 있지.

가족도 친구도 모두 잘 있고
내가 하고 싶은 것도 다 했고.

그러니 죽음을 늦출
이유가 하나도 없네.

이만하면
잘 산 것 같아.
그렇지?

응, 그렇지.

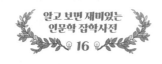
무신론자다!! 박해해보시든가!!!

비록 근대로 접어들었다 한들 당시 서양에서 신을 믿지 않는 건 큰 문제였습니다. 무신론자 의혹은 이 시대 커리어에 큰 영향을 끼쳤습니다. 갈릴레이와 데카르트 시대에는 목숨까지 위협했지요. 철학자들은 종종 이 의혹에 시달릴 때면 황급히 "나 무신론자 아니야!"라고 해명하고 다녔죠.

다만 흄은 스스로 당당하게 무신론자라고 밝히고 다녔습니다. 이 덕분에 교수직도 못 얻고 무신론자라는 꼬리표를 달고 살았지만요. 그래도 흄은 오히려 경험론을 끝장으로 끌어올렸습니다. 불가지론을 강하게 밀어붙이고 외부 존재에 대해서는 철저히 회의했습니다. 형이상학 책을 전부 불태우라고 지시하기도 했지요.

흄은 도덕철학에서는 이성이 도덕적 행동을 유발할 수 없으며, 우리의 행위를 불러일으키는 건 감정뿐이라고 주장했습니다. 어떤 것으로부터 비롯한 쾌락과 고통, 친근감과 불쾌감 등의 감정이 곧 우리를 행동하게 만든다는 거죠. "이성은 정념의 노예다. 정념에 봉사하고 복종하는 것 외에는 어떤 것도 주장할 수 없다"라는 말도 했지요.

이 급진적 주장은 여러 학자를 고무시켰습니다. '아니, 그렇다고 합리론 전통을 버릴 수는 없잖아? 그렇다고 경험론이 이만큼 발전한 걸 무시할 수도 없고.' 프로이센에 처박혀서 공부하던 학자가 이 문제에 대해 골몰하기 시작합니다. 그가 바로 다음 화 주인공입니다.

17 화

칸트

익명
A.C.1760

공감   ☆ 스크랩

수업 질문

수학 교수랑 철학 교수랑 지리학 교수가 같은 사람인 게 가능하냐?
수업도 교실도 다른데 왜 앉아 있는 교수님은 같아 보이지
내가 귀신 보는 건가
계속 생각하니까 무섭네

👍 0   💬 5

익명

그분 외부 강사이고 같은 사람 맞음

A.C.1760

↳ **익명(글쓴이)**

''''

A.C.1760

(알수없음)

수업 재밌어

A.C.1760

에브리타임 스터디

생계가 불안정한 시간강사들…

유서가 깊다는 게 제일 빡쳐!

200년 전에도 그랬다.

유명한 철학자여도
마찬가지.

임마누엘 칸트
(1724~1804)
프로이센(독일)의 철학자
15년간 시간강사로 활동

여기 희망
없다고!

목수 아버지와 주부 어머니를 둔
평범한 집안에서 태어난 평범한 칸트는…

아빠 칸트　　엄마 칸트

애기 칸트

고향과 집안이 모두 경건주의를 따랐다.

경건주의

17~18세기 종교개혁운동으로 생겨난 기독교 분파.
개인의 영적 갱생을 중요하게 생각함.
한때 프로이센의 국교.

249

당시 프로이센의 왕이었던 프리드리히 대제는 종교적 관용을 선호했다.

그래서 칸트가 급진적 글을 써도 잡혀갈 일은 없었다.

칸트는 살면서 별다른 역경을 겪지 않았지만…

그렇다고 딱히 영광도…

그냥…
무던하게
살았다.

재밌는
얘기 없어요?

없어.

칸트의 대표작인 3대 비판서!

순수이성비판
실천이성비판
판단력비판

흄의 경험론 이후
한동안 정체기였던 형이상학.

우리 지각으로
알지 못할 건
탐구할 필요가
없대.

잘 가라.
나의 형이상학
교과서들아.

우리는 무엇을
알 수 있을까?

순수이성

우리는 무엇을
할 수 있고 해야 할까?

칸트는 이에 맞서기 위해
인간 이성의 한계를 규정하고…
(3대 비판서의 주요 내용)

실천이성

감성

우리는 무엇을
희망해도 좋을까?

합리론

경험론

칸트가
종합!

대단한
사람이죠.

형이상학적 주제(신, 영혼 불멸, 자유)를
다시 철학적 논의로 끌어올렸다.

명예보다는 일상과 애향심을 중시하고,
워라밸 보장 가능한 가까운 직장을 선호한 칸트…

우리가 스카우트 해준다니까~

베를린 대학

쾨니히스베르크 대학
(모교이자 고향 대학)

거들떠보지도 않네, 저거.

하지만 쾨니대 철학 교수 자리는 이미 차 있는걸.

교수 자리 회전율 낮은 인문대…

시간강사는 대학에서 봉급을 받을 수 없고 학생들의 수강료에 의존해 살아야 하니…

하는 수 없이 칸트도 시간강사 일을 택했다.

실제로 수업이 인기 많았다고 함.

왕립 도서관 사서로
투잡도 뛰었다.

교수님 왜
맨날 같은 옷만
입고 다니시냐?

새 옷을
살 수가
없어!!!
돈 없어서.

만화적 허용이
아니었던 거야?

정식 교수 채용 기회가 있을 때마다
도전했지만 두 차례 낙방.

님 교수하실?

카! 존버는 승리한다.

세 번째에 합격했다.

돈을 벌어서
새 옷도 뽑고
하인도 고용함.

마르틴 람페
하인

옷 차이 없잖아!

당연함.
만화적 허용임.

잠깐! 사람을 수단이 아닌
목적으로 대하라면서?

하인은 널 챙겨줄
수단 아닌감?

'오로지' 수단이 아닌
'동시에' 목적으로 대하라
했으니 잘 대해주면 ㄱㅊ

뭐야, 인마?

하인인 람페와 칸트는 제법 죽이 잘 맞았던 모양.

일관적인 거 좋아함.

빠빠하다는 이미지가 있지만 사실은 사교적인 편이다.

친구들이랑 당구 치는 거 좋아함.

난 철학은 잘 몰라요.
그 대신 천체에 관심이
많답니다.

그럼 거기에 관해
대화하죠!

괴짜보다는 사회성 좋은
일반인 타입에 가까움.

너 영화
공부한대며.
내가 200년
뒤의 문화도
공부해 왔어.

조카랑 친해지려고
아이돌 공부해 온
삼촌 같군.

철학이랑 인간 시계 일화가
쪼끔 이미지를 왜곡시켰다.

〈여담2〉

이전 왕 프리드리히 대왕과 달리, 칸트의 급진적인 글에
불만을 가진 프리드리히 빌헬름 2세…

종교 저술 건방지네?!
계속 이럴래?!

네. 국왕 전하의 신민으로서
종교에 관한 글쓰기나 강연
모두 그만두겠습니다!

만족

그래서 진짜 그만뒀냐?
아니다. 계속 했다.

어림도 없지.

뉴 종교 저술
-칸트-

이 쉐이…

거짓말은
하지 말래며?

그 양반
죽었잖아.

그 왕의
신민으로서만
약속한 거니
죽으면 약속 끝.

날씨가 내 건강을
좌지우지하는 거야.

나이를 먹은 칸트는
날씨에 집착하고…

한결같고 규칙적인 생활도
더욱 강박적으로 지키게 되었다.

오늘도 4시.

이야. 이 글은
어렵구만.

이해하려면
시간이 걸리겠어.

칸트가 하루하루 쇠락하는 동안
지인들은 그가 남긴 강의록을 토대로
새 저서를 계속 간행했다.

그리고 1804년…

이 말을 남기고 그다음 날 바로 생을 마감했다.

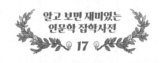

칸트의 선험적 종합판단

우리가 외부 사물(=물자체)을 객관적으로 관찰할 수 없는 것은 사실이지만…

우리 안에는 경험과 지식을 쌓아둘 수 있는 어떤 선험적인 틀이 있지 않은가?

시공간

칸트는 의무론적 윤리로 유명하죠. 도덕이 감정에 의한 거라니, 도덕은 철저히 이성에 의한 겁니다! 그는 흄 이후의 철학자로서 흄의 철학을 꼼꼼히 검토하고 비판적으로 받아들였습니다. 경험론과 합리론을 종합했지만 내심 합리론에 더 마음을 두고 있었습니다.

칸트는 사람들이 가지고 있는 지식을 두 가지로 분류했습니다. 명제를 분류했다고 봐도 좋을 것 같습니다. 하나는 "총각은 미혼 남성이다"라는 말처럼, 동어반복입니다(술어가 주어에 들어 있다고 표현합니다). 정확하지만 배울 건 없는 지식이에요. 다른 하나는 "모든 백조는 하얗다"처럼, 앞의 문장과는 달리 지식의 지평이 넓어지긴 하지만 불확실한 것들입니다(술어가 주어에 부가되기는 하지만 그 개념에 포함되지는 않는다고 합니다). 칸트는 전자가 선험적이고 분석적이라 보았고, 후자는 경험적이고 종합적인 성격을 지닌다고 보았습니다. 둘 다 나름의 장점이 있지만 한계점이 명확했습니다. 그러니 칸트는 생각했습니다. 선험적이고 종합적인 판단이 있다면 정말 멋있지 않을까? 정확한 데다가 지식의 지평도 넓혀준다니 이만한 것이 없잖아요! 수학적, 물리학적 지식이 거기에 들어간다고 생각했고요. 이 사람이 또 수포자들에게 너무한 소리를…!

18화

공리주의

그냥 꼭 공리를 추구하면 ~~되~~...돼

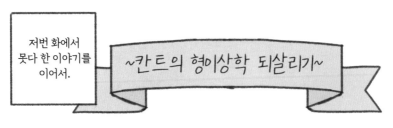

저번 화에서 못다 한 이야기를 이어서.

~칸트의 형이상학 되살리기~

흄 이후로 이전의 GANZI를 잃어버린 형이상학…

신이나 영혼 같은 건 인간 경험으로는 진짜 있는지 알 수 없으니까~

버려버려!

아니야! 신과 영혼 불멸, 자유는 도덕의 근거가 되니까 빠뜨리면 안 돼!

줏대 있는 도덕을 위해서라도 우리는 형이상학적 주제를 요청해 와야 한다고!

인간의 감각만으로 어떻게 옳고 그름을 판단하겠어?

맞는 소리.

근가?

제러미 벤담

(1748~1832)
영국의 법학자,
철학자, 변호사

어린 시절 천재였으나 행복한 천재는 아니었다.

6살이면 라틴어 논문은 써야지!!

그리스어 시 작문도 해야지!

그 협

이쒸. 나도 애들이랑 골목에서 땅따먹기 하고 싶다고~~!!

12살

웬 꼬마?

학생이라는데?

옥스퍼드 대학에서 공부 중.

으어어어디 사아람이 하느님 말씀 없이 살려고 하느냐 이 말이야~~~!!!

LATTE는 말이야. 교회 신조 안 들었으면 면죄부도 안 먹었어.

존낸 쉬름

벤담이 상처만 남은 대학 생활을 마쳤을 때의 나이는 15!

참고로 그보다 연상인 칸트는 16살에 대학에 입학했다.

Utilitarianism_공리주의

좋은 것=선한 것=행복한 것
고통은 나쁜 것이니 안 돼!

가장 좋은 건
최대 다수의 최대 행복!

신이고 뭐고
행복한 게
좋은 거야.

그의 손에서
탄생한
공리주의.

시신을 그냥 매장하기보다는
장기 기증하고 해부 실습용으로
쓰는 게 더 많은 사람에게 좋다고.

나는 내가 죽으면
그렇게 하겠어.

시신 하나도
쓸 데가 많지.

법률가이기도 한 벤담은 공리주의를
실제 정치에도 자주 적용하려고 했다.

그리고

쓰고 남은 내 시신을 미라로 만들어 오래 보존해줬으면 좋겠네!!

그렇게 해서 미라가 된 벤담의 시체.

이런 행동이 공리주의적으로 무슨 이점이 있지.

머리와 손은 밀랍으로 만든 모형으로 교체

옷은 생전에 즐겨 입던 나들이 옷

벤담의 생전 요청에 따라 병원 이사회에도 참석 중이다.

벤담 씨가 보고 있으니…

병원 운영은 공리주의 원칙에 맞춰 최대한 투명하게…

어째서 이런 짓을!

↑ 벤담의 시신을 미라로 만든 병원

그의 이름

존 스튜어트 밀
(1806~1873)

"배부른 돼지보다는 배고픈 인간이 낫다.
만족한 바보보다는 불만족한 소크라테스가 낫다."

…라는 말을 세상에 남긴 철학자.

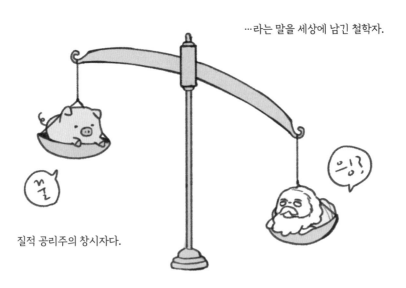

질적 공리주의 창시자다.

밀은 아버지에게 조기교육을 받고
젊었을 때부터 학자로 활동했다.

재밌는 서클이 있대.
우리도 들어가자!

어느 날 한 선교사가 주도한
서클에 참가하게 되는데…

안녕하세요.

네, 안…

해리엇이에요.

해리엇 테일러
이후 해리엇 테일러 밀
(1807~1858)
철학자, 1세대 페미니스트

반했다.

공리주의와 여성주의는 늘 함께해왔다.

여성 참정권 운동에도 앞장섰음.

물론 사람들이 노력하는 것에 비해
아직 사회의 현실은 녹록지 않았다.

이후 해리엇의 남편이
세상을 떠나고…

좋은
사람이었는데
안됐어.

그이도
살 만큼 살았지.

천국에서
행복할 거야.

혹시 힘들면
연락해. 언제든
찾아갈게.

아~ 말이 나와서
그러는데…

나랑
결혼할래?

존버 성공.

밀은 이후
《여성의 종속》(1869)이나…

《자유론》등 자신의 대표작을
해리엇과 함께 집필했다.

공동 저자
이름 어디 갔냐?

자기야. 우리가
함께 쓴 책이야.

자기도 천국에서
이 책을 봐줬으면
좋겠어.

딸 헬렌

해리엇은 결혼 후 7년 만에 세상을 떠났다.

그건 공리주의가 아니다

최대 다수의 최대 행복! 공리주의는 도덕을 감각(쾌락, 고통)의 영역에 넣었다는 점에서 영국의 경험론적 전통을 따르고 있습니다. 벤담과 밀은 고전적 공리주의로 분류됩니다. 현대 공리주의는 뒤에 잠깐 나올 테지만, 동물권에서 유명한 피터 싱어가 포함되어 있습니다. 공리주의는 자신의 원칙 아래 여성의 권리는 물론, 동물의 권리까지 보장할 수 있도록 지평을 넓혀간 겁니다. 이전 철학자들이 어떤 형이상학적 근거를 통해 지상위 존재들의 위계를 설정하려고 했던 것을 생각하면, 공리주의는 상당히 Young한 철학이죠.

다만 비판점이 있는 것도 맞습니다. "예컨대 다수의 행복을 위해 소수가 희생하는 것이 공리주의 안에서는 정당화될 수도 있지 않은가?"라는 문제가 발목을 잡습니다. 현대에서 이 도덕적 딜레마를 대놓고 다루는 가장 유명한 사고실험이 이른바 트롤리(전차) 문제입니다.

비록 어떤 사람이 스위치를 잡고 있느냐에 따라 선택은 각기 다를지 모르지만, 적어도 이런 점에 대해서 심각하게 고민하는 게 바로 공리주의 철학자들의 몫인 것 같습니다. 도덕철학의 역할이 바로 이런 문제 앞에서 머리 아프게 고민하는 것일 테니까요. 그러니 "한 명이 다른 사람들을 위해 희생 좀 해줘야지!"라고 망설임 없이 말하는 것은 공리주의가 아닙니다. 그건 전체주의죠.

19화

쉬어가기

많은 철학자들과 더 잡다한 이야기들

프랑신 데카르트

어째 죄다 결혼을 안 한 사람들…

여성은 사회적으로 남성보다 결혼을 더 강요받았고
그래서 여성 철학자들도 대부분 결혼을 하긴 했다.

그 와중!

결혼은 안 했지만 가족은 있었던 데카르트.

딸 프랑신

아내 헬렌

높이 높이~

아이고!!! 잘한다 잘한다 내 새끼!!!

어디서 이런 말랑콩떡이가 태어났어? 이거 누구 딸이야!!

특히 데카르트는 자기 딸 프랑신 데카르트를…

뭐야, 프랑스 안 좋아하면서 왜 돌아오냐?

우리 딸 좋은 교육 받게 해야지!!! 큐티프리티 스마트 어썸걸로 만들 거야!!

아주아주아주 아꼈다.

그러나 딸은 전염병으로
5살 때 생을 마감했고…

데카르트는 그 앞에서
펑펑 울었다.

그 이후 가끔
안 좋은 소문이
돌았지만…

실화라는 증거는 없다.

인형을 만들어서
자기 딸이라고
안고 다닌대!

선원들이 보고
불길하다고
버렸다며?!

자식 잃은 부모 마음
잃어본 사람만 알지.

귀족에 영국 왕실 옥새상서!
거기에 대법관까지!

남부러울 것 없이
출세했던 베이컨은…

제임스 1세(당시 왕)

비리 사건과 얽혀 추락했다.

님이
저 사람들
돈 처먹었다는 게
정말인가요?

어라라~?
선물 받은
기억은 나는데
그게 뇌물~?

쟤가
먹었어.

왕당파 베이컨을 무너뜨리기 위한
의회파의 수작이었다는 이야기도 있음.

283

이 일로 베이컨은 런던탑에 1년간
갇혀 있었다.

나온 뒤에는
곧장 고향행.

집에서
공부나
해야지.

응? 주인님
어디 가졌지?

또 어디
실험하러 가셨나…

꽝!
꽝!

꺄아아악!
주인님!!

두

둥

사건의 전말은 이러하다.

이 일을 계기로 베이컨은 병에 걸려서 사망했다.

어쩌면 냉장고를 만들고 싶었던 걸지도 모른다.

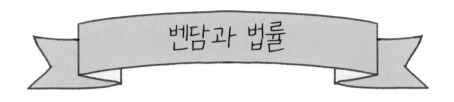

벤담과 법률

변호사라는 족속은 말이야.

돈 벌려고 맨날 소송이나 벌이고 말이지.

내가 제일 싫어하는 직업이야.

세상 어느 의사가 돈 벌려고 환자 다리 분지르는 거 봤어?

변호사라는 게 그런 놈들이야.

변호사 벤담

네가 변호사잖아!

내가 몰라서 이러는 줄 알아?!

쾅!

히끅!!!!

자기 직업조차 좋아하지 않은 벤담.

그 대신
뭘 좋아했는가 하면
자기 집 고양이다.

랭본

뭐야! 이 고양이
더럽게 뭐 하나?

팍

※18세기입니다.

쿠
쿵!!

세상에 어떻게
이런 일이 있냔
말이다…!!

훙어엉…

어찌 저런
무례한 자가!!

훙…

랭본 경…!!
내가 지켜주지
못해 미안하오!!

훙어엉…

큰 충격을
받은 벤담.

그래서 공리주의는 동물보호와도 인연이 깊다.

실제로 동물의 쾌락과 고통도 인간의 그것과
동일하게 여겨야 한다고 주장했다.

이 사람만
보아도 그렇다.

피터 싱어
동물보호론자

+) 그들의 발언

디스토피아: 낙원인 유토피아의 반대말.
이 말도 이 사람이 처음 만들었음.

이대로 가면 세상은
디스토피아가 될 겁니다!

참정권 주체를 'man'이 아닌
'human'으로 표기합시다!
여자도 투표에 참여할 수 있도록!

법 또한 최대 다수의
최대 행복을 추구해야 해!

예컨대 미라를
가로수 대신 세운다던가

당신은 뭔 소리야!

철학자의 칼부림

영국 혁명 지지 발언을 한 칸트…

그걸 들은 누군가가 그에게
칼을 들이미는 일이 있었다.

버걱!

싸우자!!!
나 왕당파야!

아, 잠시만.
나도 칼 좀.

왜 뽑았냐고!

근데 나
칼싸움
할 줄 몰라.

결국 대화로 풀었다.

…말로 하는 건 안 됩니까?

엥? 네. 그러세요.

이건 좀 상관없는 이야기지만…

나리!!!

마말로 하자고~…
말로 해~…

말년에는 칼을 든 괴한이 침입하는 꿈에 시달렸다고 한다.

홉스의 피트니스

건강이 매우
안 좋았던 홉스는…

운동이라도
해야지…

피트니스 끊고
매일 산책도
해야지…

운동을 열심히 했다.

그중 가장 열심히 한 건 테니스.

하—앗!

샤방~

수요
없는
공급.

그 결과 91살이라는
엄청난 장수 기록을 세웠다.

연간회원권 끊어주쇼.
요즘 몸이 신통치 않은 것 같어.

회원님이 여기서
제일 건강할걸요.

291

애덤 스미스

《국부론》저자이자
자유방임주의의 대표 주자.

그는 사실… 윤리학자이다.

도덕감성론

당시 그의
대표 저서

보이지 않는
손 없어여?!

없다.

도덕은 신이나 이성이 아닌
경험과 감정에서 만들어진다고 주장했다.

공감

감성

경험

도덕

나랑
다르군.

← 칸트

292

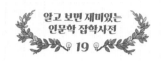

이것이 공리주의다

피터 싱어는 (이 책이 나올 때를 기준으로) 책에서 등장한 인물 가운데 유일하게 살아 있는 철학자입니다. 현대 공리주의에 속합니다. 그는 공리주의 원칙 아래 "그래, 쾌락과 고통이 선과 악을 나눈다면 쾌락과 고통을 느낄 수 있는 모든 존재가 도덕적 고려의 범위에 들어가야지!"라고 생각했습니다. 그렇다면 우리가 먹고 소비하는 동물들까지 우리가 고려해야 할 대상이 됩니다. '아니, 걔네는 도덕적 사고도 못 하는데 우리가 왜 고려해 줘야 해?!' 하고 생각할 수도 있겠지만, 몇몇 고등 동물은 미취학 아동과 지능이 비슷하고, 인간 중에는 질환이나 병, 나이 때문에 도덕적 사고를 못 하는 경우도 있죠. 그런데도 단지 인간이 아니라는 이유로 도덕적 고려 대상에서 제외한다면 그건 종차별이라고 싱어는 말합니다. 진정한 공리주의라면 다른 조건이나 이념은 제쳐두고 모든 생명체가 똑같이 경험하는 쾌락과 고통의 양만 계산해야 하죠!

물론 인간은 잡식동물의 딜레마를 지니고 있습니다. 하지만 우리의 식성이 과연 다른 종을 한 뼘도 안 되는 크기의 케이지에 가두고 짧은 생을 내내 착취당하며 고통 속에 죽어가도록 허락했는지는 생각해볼 문제입니다.

물론 우리에게 그럴 권리가 있다고 한 사람이 없진 않았습니다. 한… 2천 년 전 사람인 아리스토텔레스가 그랬지요.

20화

게오르크 빌헬름 프리드리히 헤겔
(1770~1831)

독일의 철학자, 관념론자

전설은 아니고 레전드쯤 되는 인물.

Georg Wilhelm Friedrich Heg

하지만 재밌게 산 사람은 아니라서 단독으로 다루진 않을 거다.

재밌게 살든가.

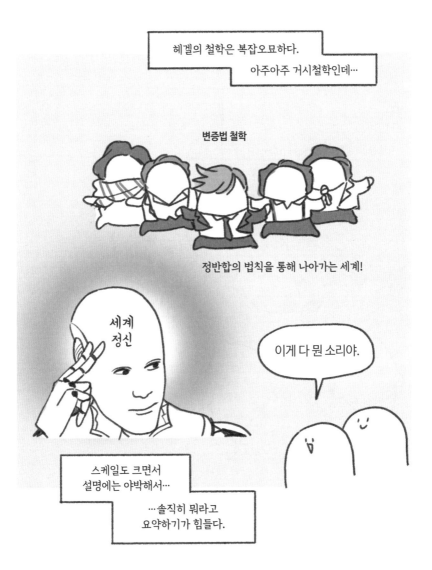

헤겔의 철학은 복잡오묘하다.

아주아주 거시철학인데…

변증법 철학

정반합의 법칙을 통해 나아가는 세계!

세계 정신

이게 다 뭔 소리야.

스케일도 크면서 설명에는 야박해서…

…솔직히 뭐라고 요약하기가 힘들다.

이건 나만 바보라서 그런 게 아니다.
언어철학이 발전한 것도 헤겔 덕분이다.

하지만 오히려 이런 점이
사람들을 갈증 나게 만든 건지…

헤겔이라는 떡밥을 문
추종자나 반대 세력은
세상에 차고 넘쳤으니…

이 사람도
그중 한 명이다.

아르투어 쇼펜하우어
(1788~1860)
독일의 철학자, 교수

상인의 아들로
태어났지만…

젊은 시절
in 상선

널린 게
거지에
노예라니
세상은
시궁창일
뿐인 건가.

결국 상인의 길은 포기하고

의과대학에 갔다가

철학과로
전과한다.

취직 괜찮겠어?

나 쇼펜하우어야.

쇼펜하우어는 말 그대로 아웃사이더,
인간 혐오자였다.

사람과는 잘 교류하지 않고 자기 애완견만 좋아했다.

※아주 피상적인 설명이므로 자세한 내용은 주변의 철학 책을 참고하세요!

어라? 왠지 뭔가 익숙한가?

맞다, 당신이 방금 떠올린 그것!

쇼펜하우어의 철학은
불교와 인도 철학의 영향을 받았다.

설명은 여기까지! 다시 그의 삶으로 돌아오자.

*17화 참고

당시 베를린대에서는
헤겔의 강의가
단연코 최고 인기였다.

무리도 아닌 게 당시에는
유럽 전체가 헤겔로 들썩이고 있었다!

그러나 반(反)헤겔파였던
우리의 주인공.

내가
그놈을
이기겠어!

내 강의도
그놈 강의와
같은 시간대에
진행하겠소!

그러라고
데려온 거
아닌데.

쇼펜하우어 교실

흥! 내가 저놈보다 낫지!

헤겔 교실

결국 두 사람의 수업은
같은 시각에 진행되었다.

그리고 그 결과는…

쇼펜하우어, 학생 수 2명으로 폭망.

너희는 왜 온 거냐?

저 헤겔 선생님 강의 수강 신청에 실패해서…

결국 쇼펜하우어의 강의는 1학기 만에 사라지고 만다.

이후 오랫동안 빛을 보지 못했던 쇼펜하우어는…

말년까지 쓸쓸히 살다가…

60대의 어느 날…

쇼펜하우어 선생님!!!

계세요?!

책에 관해 얘기 좀!!

급관심을 받게 된다.

늦은 나이에 빛을 본 쇼펜하우어는

사람들의 관심과 환영 속에

아주 화려한 말년을 보냈다.

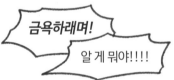

쇼펜하우어는 대식가였다.

그리고 서양철학계에서 유명한 여성 혐오자이기도 했다.

원래 쇼펜하우어의 어머니가
매우 교양 있는 지식인(살롱을 운영했다)이었는데…

아버지가 죽고 난 뒤 모자 사이가 틀어진 것이
그에게 영향을 끼친 듯하다.

쇼펜하우어는 강박적으로 자기 안전을 확보하려는 경향이 있었다.

방역을 철저히 한다.

남이 마시던 컵은 쓸 수 없어! 병에 걸릴지 몰라.

설거지 잘한다니까.

개인 컵

화재가 일어날지도 몰라…

괴한이 침입할지도 몰라…

무기를 챙겨두고 자야 해…

개인정보가 유출될지도 몰라!!!

중요한 문서나 계좌는 전부 외국어*로 만들어버렷!!!

?

*주로 그리스어나 라틴어

쇼펜하우어는 결국 72세까지 장수했다.

그의 염려증이 도움이 됐는지는 모르겠지만…

잘 빠져나왔지!

적어도 본인은 만족한 모양이다!

세계정신과 의지

쇼펜하우어 이전의 피히테와 셸링

사실 칸트와 헤겔, 쇼펜하우어라는 흐름 사이에는 두 사람이 빠져 있습니다. 피히테와 셸링입니다. 둘은 칸트 철학을 이어받았습니다. 칸트가 제시한 '물자체'(주관 바깥의 객관적인 사물)와 '자아'(주관)에 대한 이야기를 하다가 결국 자아가 중심이 되는 관념론 쪽으로 휙 빠져버리고 말지요…

쇼펜하우어 이전의 헤겔

자, 이제 헤겔입니다. 헤겔은 셸링과 그들이 근무한 예나 대학에서 같이 철학 저널을 편집하기도 했다고 합니다. 헤겔은 그들의 관념론을 이어받아 묘한 철학, 즉 철학을 통해 역사를 해석해나가는 일을 합니다. 그에 의하면 역사는 정신이 자신의 의식을 전개해나가는 과정이라고 합니다. 이때 정신은 인간의 정신은 아니고, 신의 정신은 더더욱 아니며, 하나의 거대한 유기체로서 세계의 정신입니다. 마치 한 식물이 자신의 이념(플라톤식으로 말하면 이데아)에 맞춰서 뿌리를 내리고 꽃을 피우는 것처럼, 역사도 그렇게 자신을 인식하고, 발견하고, 발전해나가는 과정을 여러 사건과 투쟁을 통해 드러내고 있다고 합니다. 거대한 정신이 그 안에 살고 있는 우리를 손에 들고 자아실현 중이라고 하면 거칠긴 해도 그다지 틀린 말은 아닙니다.

이렇듯 헤겔의 철학은 시간적으로도 공간적으로도 굉장히 거시적입니다. 그리고 그는 아주 굳게, 이 과정이 전부 발전한다고 보았습니다. 철학도 역사도 이전보다 더 나은 방향으로 발전한다고요!

아무튼 쇼펜하우어

드디어 주인공 차례입니다. 쇼펜하우어는 본인을 칸트 철학의 계승자라고 자칭했습니다. 피히테와 셸링보다도 자신이 더 칸트 철학을 잘 이어받았다고 자부합니다. 개인에게 세계는 관념으로서 존재한다고 생각한 점은 칸트와 동일합니다. 그러나 쇼펜하우어는 칸트가 밝혀내지 못한 물자체의 참모습을 의지라고 보았습니다. 관성이나 중력, 나아가 지식과 자기결정력의 내적 본성이 바로 의지입니다. 세상은 이렇게 의지와 관념(표상이라고도 합니다)으로 이루어져 있습니다. 쇼펜하우어의 대표작이 《의지와 표상으로서의 세계》인 것처럼요.

어찌 보면 이 개념은 헤겔의 정신과도 비슷해 보이지만, 쇼펜하우어의 의지는 가만히 내버려두면 고통만 낳는다는 점에서 다릅니다. 말이 의지지 이상적이고 굳센 의지가 아닌, 자연적인 충동에 가깝거든요. 그러니 의지에 휘둘리면 안 되는 겁니다! 비록 그렇게 말한 사람도 못 지켰지만요.

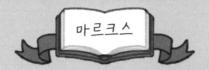

21화

마르크스

철학이 밥 먹여주는 줄 아나 ⑴

인문학 책은 잘 팔리지 않는다.

1쇄만 찍고 절판되는 경우도 많다.

◀ 못 사서 매주 도서관 가는 사람

사정이 이러하니 작가들도 밥벌이가 쉽지만은 않은데…

이번 화는 그 힘든 길을 걷고
또 실제로도 힘들었던 어느 철학자의 이야기이다.

바로그 유명한 공산주의가 세상의 빛을 보게 한 사람!

프롤레타리아
혁명 이룩하자!!!

자본주의
청산하자!!!

카를 마르크스
(1818~1883)
독일의 철학자, 작가

썩어빠진 부르주아 심판하자!!!

잠깐! 그러면
마르크스도
심판받게 된다!

그도 부르주아 계급 출신이었다.

공산주의란 하나의 가설적인 사회구조로, 정치보다는 생산 및 경제와 관련이 깊다.

서로 일할 수 있는 만큼만 일하고 필요한 만큼만 얻는,
자율적 노동을 통해 인간의 가치를 되찾는 사회가 오리라!

다시 마르크스의 이야기로 돌아오자.
여동생들에게 죽음의 케이크를 먹이는 취미가 있던 어린 마르크스…

부모님의 지원을 받아 대학에 간다.

특히 헤겔의 철학!

대학에 가서 두 번째로 빠진 건 바로 철학.

나도 베를린대 학생이었거든.

법률가의 길을 걸으면 돈을 많이 벌었을 텐데. 마르크스는 철학을 더 사랑하게 되었다.

합쳐져서 발전한다!

나는 테제.

진테제

난 안티테제. 쟤가 싫어.

헤겔에 따르면 세상은 변증법적 과정을 통해 발전한다.

둘의 관계도 기묘하게

역사는 세계정신의 흐름이다…

유물사관

아님! 역사는 그에 속한 개인이 만들어간다!

변증법적으로 흘러가는데…

세계 정신

HEGEL

역사를 만드는 건?

생산방식이 사회를 결정해!

물질

MARX

대충 이런 느낌?

※역시 개략적인 설명이니 자세한 내용은 주변의 철학 책을 참고하세요.

졸업 이후…

마르크스는 결혼도 하고
잡지사 편집장도 되었지만…

좌익신문이다.

잡지사는 일찍 문을 닫았고,
글을 써서는 돈이 되지 않았다.

그래도 태생이 부르주아인 탓에 부르주아적 생활방식을 유지하고 싶었다.

프롤레타리아로 사는 건
너무 힘든 일이야…

부르주아로 남기 위해서는
그 생활방식을 유지해야 해.

놀라운 통찰력인지 개소리인지…

자~ 우리 공주님들
새집에 왔다~

없는 살림에
비싼 집과 가구를 사들여
겉으로는 사치를 부리지만…

집세 낼 돈은커녕 빚 갚을 돈도 없어
매일 채무자에게
시달린다.

마르크스 씨!!
돈 갚으세요, 돈!

우아앙!!!

이자도 내세요.

마르크스에게 가장 많은 도움을 줬던 친구는…

마르크스는 천재이고 나는 천재를 도와주는 사람이다.

프리드리히 엥겔스
(1820~1895)
독일의 철학자, 경제학자

마르크스와 공산주의의 뜻을 함께한 동업자이지만
동시에 방직공장을 소유한 자본가이기도 했다.

돈도 빌려주고…

대필도…

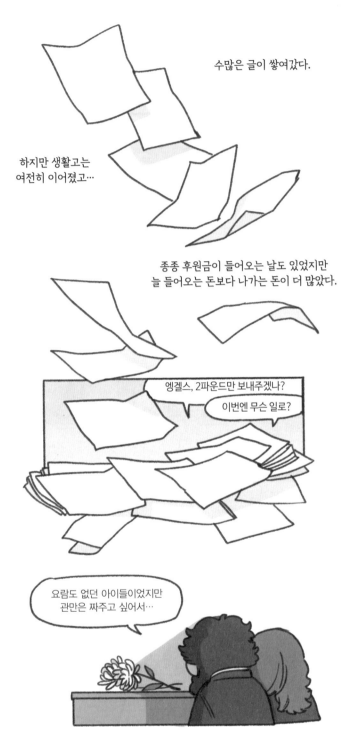

수많은 글이 쌓여갔다.

하지만 생활고는
여전히 이어졌고…

종종 후원금이 들어오는 날도 있었지만
늘 들어오는 돈보다 나가는 돈이 더 많았다.

엥겔스, 2파운드만 보내주겠나?

이번엔 무슨 일로?

요람도 없던 아이들이었지만
관만은 짜주고 싶어서…

결국 마르크스는 생활고 탓에 아이 셋을 잃는다.

이런 어려움 속에서 나온
마르크스의 대표작, 《자본론》!

그러나 당시 대중의 반응은 냉담했다.

동시대 사람이었던 찰스 다윈(feat. 진화론)도 《자본론》을 읽었다.

다만 후대 학자의 연구에 따르면…

…그렇다고 한다.

〈여담2〉

이 이야기에서 빼먹기 힘든 인물이
바로 그의 아내 예니 마르크스이다.

결혼 전 이름은 예니 폰 베스트팔렌.

5살 어린 동생 친구 마르크스와
사랑에 빠져 결혼했다.

마르크스의 비서였고…

세기의 악필이던
마르크스의 원고를
교열하고 정리했으며…

망명 중 잦은 임신과
출산을 반복했고…

아이들을 기르는 일도
도맡았다.

당연하게도 말년에 건강이 극도로 나빠졌다.

프롤레타리아 킥!

아내한테
잘했어야지,
이 자식아!

프롤레타리아 혁명을 논하면서도
부르주아의 삶을 산 두 사람…

하지만 이와 반대로 프롤레타리아의
삶으로 뛰어든 이도 있었으니…

여기 시몬 베유라는
여성 철학자가 있다.

시대가 조금 뒤이긴 하지만…

(1909~1943)

그도 공산주의와
노동자의 삶에
관심이 많았고…

연구를 위해 스스로 공장에 들어가
노동자들과 함께 일했다.

노동자의 삶… 정말 개빡센데.

그리고 그때 겪은 일을 글로 남겼다.

프롤레타리아 혁명은 온다

유물사관, 물질주의적 역사관, 유물론적 역사관… 단어는 다양하지만 핵심은 하나입니다. 물질이 중심이 되는 역사관인 거죠. 헤겔에게 영향을 받아 변증법적 유물론이라고도 합니다.

헤겔의 역사관에 따르면 세계정신이 정반합(변증법적인 과정)을 통해 변해가겠지만… 마르크스의 경우에는 물질이 변합니다! 생산수단과 방식이 변하죠. 그게 변하면 사회계급과 계급 사이의 투쟁, 나아가 사회 구조와 법률, 윤리도 변합니다. 이런 식으로 역사가 발전한다고 보는 사람이 마르크스였습니다.

예컨대 봉건제 아래서 맷돌이 생겨난 게 아니라 맷돌이 있었기에 봉건제가 탄생했습니다. 생산방식이 변증법적으로 발전함에 따라 사회도 발전해온 겁니다. 밭과 농사가 낳은 봉건제와 농노의 계급투쟁이 공장 아래에서는 자본가와 노동자의 투쟁이 된 거죠. 사실

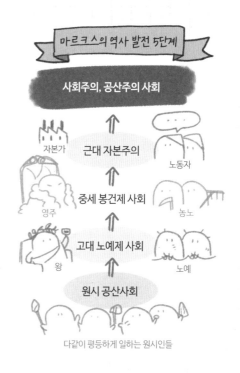

마르크스의 역사 발전 5단계

사회주의, 공산주의 사회

자본가 ← 근대 자본주의 → 노동자

영주 ← 중세 봉건제 사회 → 농노

왕 ← 고대 노예제 사회 → 노예

원시 공산사회

다같이 평등하게 일하는 원시인들

그렇게 세상을 피착취 계급과 착취 계급 두 개로 나눌 수 있는가 하는 의심이 들 법도 하지만, 마르크스의 세계관 속에서는 그렇습니다.

변증법의 특징이란 더 나은 쪽으로 발전해간다는 겁니다. 마르크스의 경우에는 이 변화의 골인 지점이 곧 공산주의라고 본 모양입니다. 그걸 위해 우리 계급투쟁의 역사는 꾸준히 변해온 것이죠. 그리고 마르크스에 따르면, 이제는 더 계급투쟁이 이어질 여지도 없습니다. 남은 건 계급제의 붕괴, 피착취 계급의 해방입니다. 프롤레타리아 계급은 사슬 말고는 잃을 것이 없어요. 그러니 만국의 노동자들이여, 단결하라!

실제로 마르크스는 자본주의가 굉장히 빨리 끝날 것이라 예상했습니다. 적어도 자신이 살아 있는 중에 프롤레타리아 혁명을 이룩하는 모습을 볼 거라 생각한 때도 있었죠. 곧 마르크스가 죽은 지 140년 가까이 됩니다. 그가 예견한 세상은 언제쯤 올까요?

22화

니체

철학이 밥 먹여주는 줄 아나 ②

철학자는 참 돈 벌기 힘든 직업이다.
저 유명한 소크라테스도 사실상 무직이었다.

질문 하나당
돈 하나씩 떨어졌음
나도 부자… 아이코!

이 양반아, 그럴 시간에
돈 벌고 가정을 지키라고!

아내 크산티페

그리고 이 운명은…

이 소년도 피해 가지 못하게 될 터이니…

고대 그리스
GANZI~~

소년은 곧
망치를 든
철학자(겸 작가 겸
문헌학자)

프리드리히
니체가 된다.
(1844~1900)

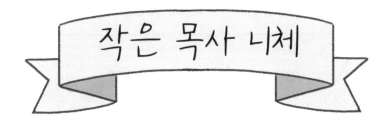

작은 목사 니체

의외로 독실한 기독교 가정에서 나고 자란 니체…

어른스럽고 공부도 잘해서
별명이 작은 목사였다.

얘도 아빠처럼
목사가 될 거야!

여동생

엄마

하지만
신은
죽었잖아?

미래를 알면
통탄할 일이지만…

내게 감투를
주다니!

앞으로
잘해보게.

특출 난 학생이긴 했는지
박사학위도 없던 24세에 교수직에 오른다.

게다가 공부만 한 것도 아니고 예술적인 감각도 뛰어났던 모양이다.

취미가 작곡!

동시대 작곡가 바그너를 좋아했는데…

벌써 3시간 이상 바그너와 그의 음악에 관해 이야기하는 니체.

니체를 기쁘게 하려고 바그너 얘기를 꺼냈을 뿐인 친구.

오마에 제벙 하잖아!

나중엔 바그너와 직접 친분을 쌓았다.

계 탐.

소외감

…오래가지는 못했지만 말이다.

그 와중에 건강은 또 나빴던 니체.

만성적인 편두통에 시달렸다.

내 아버지께서는 36세에 뇌질환으로 세상을 떠나셨지. 나는 그보다 일찍 갈까 봐 걱정되네.

가족력…

저런…

눈에 악영향을 줄 수 있으니 한동안 읽고 쓰기는 멀리하세요.

제 직업이 책 보는 일인뎁쇼.

제가 읽어드릴게요…

시력마저 많이 안 좋았다.

결국 니체는 건강 악화로 교수 일까지 접어야 했다.

이렇게 된 거 돌아다니면서 책이나 쓰지 뭐.

니체는 유럽과 시칠리아 일대를 돌아다니며 영감을 얻는 대로 책을 썼고…

삼위일체 삼각관계

루 안드레아스 살로메
(1861~1937)

나중에 정신분석학자가 되는
이 여성 학자는…

니체와 처음 만났을 때
21살의 학생이었다.

살로메! 이쪽은 니체 씨.

파울 레
작가 겸 징검다리

둘 다 내가 좋아하는 사람들이고
존경하는 연구자들이니까
친해졌으면 좋겠구~

맞아! 이참에 두 사람이
결혼해서 사회적 기반을
다지는 건 어때?

너 선 넘는다, 레.

결혼이라니…
생각 없네, 그건.

첫 만남은 훈훈했으나…

문제가 생겼다.

레와 니체 둘 다 살로메에게 반한 것이다!

그만.

우리가 연애하려고 만났니?
삼위일체* 알고 있지?
걍 셋이서 살면서 같이 공부나 하자고. 연애 말고~

*기독교에서 성부, 성자, 성령이 구분되어도 본질은 (하느님으로) 같다는 교의. (3의 균형성은 최고야.)

하핫~ 그거 좋은 생각이네~
그대가 바란다면…

잘될 리 없음.

그럼 레랑 내가 파리에서
셋이 살 집을 찾아보고 올게.

다녀와.

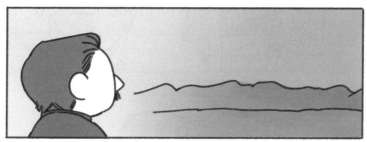

잠깐… 나 팽당한 건가?

눈 맞아서 도망친
레와 살로메!

깨닫는 게 느렸다.

여자는 암소다!

차라투스트라 오늘따라
차인 사람처럼 말하네.

그들은 진정한
우정 같은 거
몰라!!!

차라투스트라는
이렇게 차였다.
ㅋㅋㅋㅋ

혹시 울어?

걍 차여서
아픈 사람

꽤 충격을 받았는지 이후 니체는
굉장한 여혐력(…)을 얻는다.

니체는 책을 열심히 썼다.

차라투스트라 3부 다 썼다!

출판

책으로 내야지.

?? 다들 꼴이 왜 그 모양이요?

출판

안녕하세요 니체 씨...

보시다시피 저희가 도산 직전이라...

잘 팔리진 않았지만.

돈이 없어진 출판사는 니체의 책을 간행할 권리를 팔려고 했으나...

니체 책... 팔아요...

떠려가 굿세요

사는 출판사가 없었다.

니체는 적은 교수 연금으로 살면서 계속 책을 썼다.
자신의 철학을 위해!

책 사실 분!

《선악의 저편》 내줄 출판사가

하나쯤은 있겠지!

출판사도 대중도 별로 관심을 주지 않았지만 말이다.

그러나 니체의 휘몰아치던 영감은…

어느 순간부터 맥을 추지 못했다.

니체가 걱정하던
뇌질환이 그를
괴롭히기 시작했다.

니체의 지인들에게
척 봐도 불안해 보이는 편지가 도착했다.

하느님이 없으니 이제는
내가 세계를 지배할 걸세.
여기에 내 추종자들도
잔뜩 있…

난 세상에서 가장
저명한 인물이지
세계도 내 손 안에
들어…

그냥 취해 나는
디오니소스

니체 교수님
괜찮으신 걸까?

상태가
괜찮으면
이런 편지를
보냈겠냐?

아니, 진짜
상태 안 좋네.

히잉

때리지마
때리지마

…?

마부에게 채찍질 당하는 말을
부둥켜안고 있다가 기절했다.

마비성 치매를 앓으며 정신착란 증세까지 보인 니체…

니체가 총명함을 잃을수록…

결국 니체는 대지의 품에서 찬사를 받았다.

〈여담1〉

한편 니체가 아프다는 소식을 전해 들은 바그너는… (절연 전)

니체 씨가 많이 아픈데 원인을 알 수 없네요.

혹시 친구로서 짚이는 거라도…

귀 기울여보게. 내가 아는 게 있네.

?

쏙닥

쏙닥

니체가… 저래 보여도 남정네들이랑 아주 잘 놀아났단 말이지…

남색을 즐겼다는 거야… 난 그게 원인이 아닐까 하는데 말이야.

예?

크ㅎ

가짜면 명예훼손이고 진짜면 아웃팅 이 쉐끼야!

바가 까가 되면 얼마나 무서운지 보여주마!!!

이러니 말년에 니체는 바그너 까는 글도 많이 썼다.

니체를 옆에서 관리했던 여동생,
엘리자베트 니체…

머리 좋은 건 집안 내력인지
그도 매우 영악한 편이었다.

난 민족주의자랑
상종 안 한다!

반유대주의자였다.

오빠, 나는
미국에 아리아인의
낙원을 세우러 갈 거야.

흥! 망해버리라지
반유대주의자들!

실제로 망함.

엘리자베트 니체는 오빠가 죽자
그의 남은 저작을 모아 발행했는데…

오빠 글은 돈이
될 수 있다.

난 알지.

자기가 지지하는 반유대주의에도 써먹는다.

나는 반대한다!!!
개빡치네.
누가 그러라고 했냐!!!

오빠,
죽은 사람 말 못 해.
얌전히 무덤에나
가 있어.

선 넘네, 이 자식!!!

340

그리고 세상에는

전운이 감돌고 있었다.

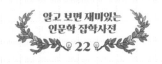

망치를 든 철학자

니체는 단순히 그리스도교의 신이 죽었다고 이야기한 게 아닙니다. 그보다는 그간 서양철학을 지탱하고 있던 신, 이성주의, 형이상학을 해체했습니다. 애초에 그는 서양철학이 반쪽짜리라고 보았습니다. 니체에 따르면, 서양철학의 시작점인 고대 그리스에는 이성과 영혼, 질서를 강조하는 아폴론적 전통과 감성, 육체, 무질서를 추구하는 디오니소스적 전통이 공존했습니다. 소크라테스가 등장해서 이성주의를 강조하기 전까지는요.

그리고 니체는 그 누구보다도 디오니소스적 전통을 추구해야 한다고 생각한 사람입니다. 그는 이성과 신의 질서, 영혼의 존재, 사후세계 같은 관념에 빠지길 거부했습니다. 그거야말로 우리의 육체를 부정하는 일이라 여겼죠. 그렇기에 이번 화에서 니체는 다른 철학자들과 달리 죽어서도 영혼이 하늘로 날아가지 않고 육신과 함께 땅에 묻혔습니다.

니체가 바라보는 위버멘시(Übermensch: 초인)는 이름에서 풍기는 분위기처럼 초능력자는 아닙니다. 다만 현재와 과거, 미래에 존재하고 계속하여 반복될 모든 것들을 긍정하고, 삶을 사랑하며 가치를 창조하는 자입니다.

언제쯤 그런 초인이 나타날까요?

제1차 세계대전(1914~1918)
유럽을 중심으로 일어난 세계대전은
독일의 항복으로 끝이 났다.

쫄?

가보자고. ㅋ

뭐야, 너희 뭐 함?

독일이 패전 이후 겪은
경제적, 사회적 혼란을 틈타
나치가 자리를 잡는다.

정식 명칭은
'국가사회주의
독일 노동자당'

강력한 전체주의와 군국주의,
반유대주를 전면에 내걸고!

나치의 등장에 사람들은 술렁였으나…

에이! 설마 저런 황당한 이야기에
사람들이 넘어가겠어?

넘어갈지도 몰라.

시몬 베유
21화 참고

…당장은 그 위험성을
깨달은 사람이 적었다.

그리고 그들의 등장을 불안하게 지켜보던 사람들이 있었으니…

**카를 야스퍼스
(1883~1969)**
독일의 철학자, 심리학자

**게르투르트 야스퍼스
(1879~1974)**
◀ 이 사람 부인 (유대인)

부인…
어쩌면 좋죠?

망명을
해야 할지…

하지만 여기에 우리 집도 당신 직장도 있는데
당장 망명을 가기에는…

…돈도 많이 들겠죠.

그래도 유대인들을
위협하진 않을 테니
괜찮지 않을까요?
말만 저러는 걸 수도 있고요…

그렇다면
당장은 여기…

쾅!

앗! 깜짝이야.

야스퍼스!
잘 지냈나?

**마르틴 하이데거
(1889~1976)**
독일의 철학자, 작가

실존주의라는 큰 테마를
공유하는 두 사람.

난 실존주의라기보단
다른 이름으로 불러주길.

어렵다, 임마!!!

후설의 생일 축하연에서
처음 만나 친분을 쌓았다.

하이데거의 스승!
야스퍼스의 조언자!

교수님,
생신을
축하합니다.

그려,
고마우이.

근데 이 사람
누구?

또 유명한
철학자겠지!

에드문트 후설

(1859~1938)
독일의 철학자, 현상학 창시자

현상학은 또 뭐야?

뭐 엄청 대단한
철학 아니겠수?

현상학이란… 이에 대해서도 학자들마다 의견이 분분하지만.

우리는 현상 자체에 집중하는 거야.

외부 존재~

어떤 대상에 대한 학문이라기보단 접근 방법에 가까운 개념인데

토끼다!

쫑긋하고 귀여워.

토끼는 약해.

판단 중지

외부 세계의 자료를 의식의 판단 없이 연구하는 것이다.

그리고 어느 우울한 덴마크 학자로부터 시작한 실존주의는…

쇠렌 키르케고르 (1813~1855)

일기

개인을 종의 일원이 아닌 그 자체로 보는 것인데

사람을 구성하고 있는 무수한 본질을 벗어나고…

너 나랑 똑같이 생겼어.

저 사람은 한국인.

못생겼어.

내가 무엇인지 판단하는 것보다 내가 여기 실존하는 게 중요해.

그 개인이 거기 존재함에 주목!

뭐 대충 이런 이야기다.

요약 점수 D-.

판단하지 마세요.

하여간
원래 하던 이야기로
돌아가자면…

짝!

나,
프라이부르크
대학 총장이
되었잖냐!!

아.

이 시국에?
나치가 임명해준
자리에요…?

나치-프라이부르크
대학이잖아요…

나치당에 가입해야
하는 자리잖아요…

여보, 내가 말해보겠소.

혹시나 해서 묻는 건데…
…자네 정말 그런 것에
동조하는 건 아니겠지?

히틀러는
정치하기엔
교양도 없고…

교양이 무슨 상관인가?
그의 훌륭한 손 모양을 보게!

찐 앞잡이
되어 있음

킬를의심

대학 총장 취임식 자리부터
연설이 심상치 않다 했더니…

~과거 회상~

나치 나치
나치 나치

이거
미쳤구만…

정 털림.

이후 나치가 새로 개정한 법률로 인해
유대인은 온갖 수모를 겪었는데…

공공기관 및
대학에서
유대인 퇴출!

유대인과
결혼 금지!

하이데거의
스승 후설과

야스퍼스가
대학에서
쫓겨났다.

이후 야스퍼스는 부인과 이혼하라는
나치의 강력한 권고까지 받는다.

평화롭게 살던 사람들이

어느날
생명의 위협과도 같은
극단적 상황에
내몰린다.

자신의 힘으로는 극복할 수 없는
한계 상황을 마주했을 때

인간은 벽 앞에 선 자신의 실존을 깨우친다.

이것이 야스퍼스의 실존주의!

교수님.

깡짝!

아이고 깜짝이야.
잔뜩 무게 잡고 있었는데
자네 누군가야학!

아렌트입니다.
기억하시죠?

제가 지금
독일에 없어서
편지 보내요.

한나 아렌트
(1906~1975)
독일의 철학자, 정치이론가
(이 사람도 유대인이다.)

나중에 이런
멋쟁이 중년이 되지만
지금은 청년.

하이데거의 제자이자
연인이었던 아렌트.

딸이다 딸.

나치가 독일을
장악한 이후

공부하다가
한 번 체포되었고

엄마, 여긴
미쳤어.

그길로 어머니와 함께
독일을 벗어나

뉴욕까지 갔다.

두 사람은 불안한 생활 속에서 서신을 주고받는다.

주 대화 주제 →
하이데거가 글쎄…

네, 말씀하세요.

그 자식이 전에는 내 부인도 무시하더라! 말이 되냐?!

그런 일이…

타당한 호박씨

하지만 시간이 흘러 1945년…

Sir, 이 깃발은 어떻게 하죠?

Get rid of it;)

제2차 세계대전의 끝과 함께 나치는 망했고

난 애국자다!! 나치 만세!!

응, 너 전범.

남은 잔당은 우루루 잡혀갔다.

정의의 철퇴는 철학자라고 피해 가진 않았으니…

〈여담1〉

1950년에 뒤늦게 잡힌 나치 일원을 재판하는 자리에 참석한 한나 아렌트.

나는 잘못한 게 없습니다!

명령에 충실했던 것도 죄입니까?

아돌프 아이히만
유대인 수송 책임자

난 명령받은 대로 그 기차를 만들었을 뿐이에요!

*아이히만이 고안한 가스실 달린 기차. 유대인 학살을 용이하게 하였다.

이 일을 계기로 한나 아렌트는 악의 평범성에 대해 저술한다.

그는 특별히 사악해서 학살을 저지른 게 아냐.

자기에게 떨어지는 상부의 명령에 대해 생각해보지 않은 거지.

아렌트 씨, 이 사람은 그냥 열성 나치당원이 맞습니다.

하지만 그 책* 내용 좋아요!

*《예루살렘의 아이히만》

이 시대에 베를린을 방문한 사람들이 있었는데

분위기 한번 살벌하구만~

그치, 캐스토?

시몬 드 보부아르
(1908~1986)
프랑스의 철학자, 여성학자

장폴 사르트르
(1905~1980)
프랑스의 철학자, 실존주의자

응, 정말.

두 사람 다 저명한 작가이자

구토
사르트르

제2의 성
보부아르

실존주의 형상화를 시도한 소설

페미니즘 이론의 고전 of 고전

부부였다.

너 이번 철학 교사 시험 차석?

ㅇㅇ

나 수석인데 결혼할래?

뭐야 이 미친놈은? 마음에 들었다.

결혼한 계기

파리 고등 사범학교 동문회

사르트르

모리스 메를로퐁티
(1908~1961)
프랑스의 철학자, 현상학자

보부아르

시몬 베유

알고 보면 사실 다 동문이다.

결혼
계약서

서로 집착하지 말기
자기 삶은 알아서 꾸리기
연애든 양다리든 알아서 하기
작가로서의 사명감 잊지 말기
전통결혼 답습 안 하기
서로를 그 자체로 존중하기

하여간 이 둘에 얽힌
자유로운 계약결혼 이야기가
제일 유명하지만…

콸—

전쟁을 겪고 정치적 참여에 대한
필요성을 깊이 체감했다.

이런 난장판
다신 없어야 한다.

ㅋ 근데 쟤들이 공산주의면
나는 공산주의 아님. ㅋ

사르트르는 전쟁 이후
사회주의 진영에서
정치활동을 이어갔고

고스트 공산왕이
말을 걸고 있어.

POP

왁작

쩐

왁작

공감능력이
유별나게 뛰어났던
시몬 베유는

전쟁으로 고통받는
이들이 있는 한
나도 편히
살지 않을 거예요!

제2차 세계대전 내내
단식을 이어가다가

베유?

결국 사망하고 만다.

나치 치하에서 매일 품에 독약을 넣고 살았던 야스퍼스 부부.

1945년 3월 미군이 그들이 살던 하이델베르크를 점령했다.

살아서 다행이에요, 여보…

나치 gone:)

Sir, look at this.

What?

나치 문서~

4월에 수용소로 갈 예정이던 사람들의 목록이에요.

홀리 쉣! 그전에 도착해서 다행이다.

이제 더 이상 두려움에 떨며 살 필요 없는 거죠?

그래요, 부인.

그리고 그 목록에는…

Hmm…

그래도…

야스퍼스 부부의 이름도 있었다.

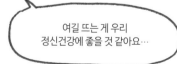

여길 뜨는 게 우리 정신건강에 좋을 것 같아요…

부부는 뒤늦게 독일을 떠나 살았다.

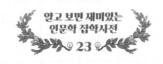
자유의 이야기

간단히 말해 실존은 '실제 여기 존재하고 있음'을 이야기하고, 본질은 존재를 규정하는 수식어입니다. 연필이 실제 여기 놓여 있는 건 실존이고, 연필이 글을 쓰기 위한 도구라는 건 본질입니다. '인간은 무엇인가'라는 건 철학의 오랜 질문이었으나, 그것을 깨고 '내가 여기 있음'을 중요시하는 이들이 등장합니다. 키르케고르와 후설을 등에 업고 말입니다.

고독한 철학자 키르케고르

키르케고르는 실존주의의 시초입니다. 독실한 신자인 아버지와 함께 살았는데, 아버지는 니체가 가장 싫어하는, 끝없는 자기반성과 참회에 빠진 사람이었습니다. 키르케고르도 이 우울함에 영향을 받았습니다. 그는 심미적 단계에서 도덕적 단계, 종교적 단계로 삶이 나아가면서 진정한 실존이 완성된다고 보았습니다. '신 앞에 선 단독자'로서 말이죠.

한계상황 속 야스퍼스

야스퍼스는 어렸을 때부터 몸이 안 좋았다고 합니다. 그냥 안 좋은 것도 아니고 너무 심해서, 언제나 지병으로 일찍 죽을 것을 걱정하며 살았습니다. 늘 한계 상황 속에서 살아온 셈이죠.

그의 아내 게르트루트는 삶의 동반자이자 야스퍼스의 철학을 함께 만들어나간 사람이었습니다. 비록 자신만의 철학을 펼치지는 않았지만, 남편의 곁에서 늘 함께하며 그의 학문 활동을 도와주었습니다. 단순히 내조만 잘한 게 아니라 동료 학자로서의 역할도 톡톡히 해낸 셈이죠. 그래서 이번 화에서도 야스퍼스의 곁에는 늘 게르트루트가 있습니다.

하이데거는 야스퍼스의 모습을 보고 의아해했습니다. 자신은 아내 엘프리데를 자신의 지적 활동에는 전혀 끼워주지 않았거든요. 본인은 정작 아내를 두고 제자랑 사귀었으면서 말이에요. 누가 누굴 보고 놀라는 거람.

현존재와 하이데거

유대인 교수들을 대학에서 내쫓는 법안을 만드는 일을 책임진 것이 당시 프라이부르크 대학 총장이었던 하이데거입니다. 이 일로 스승인 후설은 물론 후설의 아들까지 대학에서 쫓겨났고, 이후 하이데거는 자기 책에 있었던 후설의 추천사도 빼버립니다. 비록 그가 공식적으로 나치 밑에서 부역한 건 1년 남짓이긴 하지만 그 이후에도 꾸준히 나치를 지지했

습니다. 그러니 그 책임도 져야만 했죠.

하이데거의 현존재(Dasein)는 세상 안의 존재고, 각각의 구체적인 개별자들이며, 철학적 물음을 던지는 주체입니다. 다른 존재자들과 달리 현존재만이 "나는 누구인가?"라고 질문할 수 있지요. 우리 모두가 현존재로서의 면을 가지고 있습니다. 현존재의 본질은 그것의 실존이며, 그렇기에 나의 본질은 나의 선택에 의해 결정됩니다. 내가 누구인지는 내가 자유롭게 규정할 수 있다는 것이지요.

마지막 철학자 사르트르

사르트르는 전쟁 때 징집되어 참전했습니다. 나치에 맞서 레지스탕스에 가담하기도 했죠. 그는 인간의 자유에 대해 이야기합니다. 인간은 세상에 목적 없이 뚝 떨어진 존재입니다. 그들의 자유는 절대적이지만, 동시에 불안합니다. 신의 피조물도, 도덕적 존재도 아니고, 그 무엇도 아니라는 소리니까요. 이 무한한 자유를 받아들이고, 전적으로 자신의 선택을 오롯이 자신이 책임지며, 내가 나일 수 있도록 하는 것이야말로 바람직한 삶의 태도입니다. 비록 사르트르가 역사적으로 마지막 철학자는 아니지만, 이토록 인간의 자유의지를 강조한 그의 모습 덕분에 '마지막 철학자'라는 수식어가 붙었습니다.

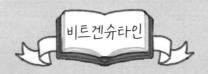

24화

마른하늘에 비트겐슈타인

제1차 세계대전 이전, 오스트리아의 한 기술학교.

비트겐슈타인은 프레게와 러셀이
각각 쓴 수리논리학에 관한 책을 읽었다.

버트런드 러셀
(1872~1970)
영국의 수학자, 철학자, 역사가

#백작
#사회운동가

고틀로프 프레게
(1848~1925)
독일의 수리논리학자, 철학자

#학자집안
#범생이
#인지도X

수학도
철학이다!

자비 좀!

수포자

논리학

논리학은 아리스토텔레스 이후
별다른 발전이 없었는데

삼단논법이면
충분하지.

오래도
해먹네.

먼지가
막 쌓여 있어.

수학 좀 넣어봐.

그것을 싹 발전시킨 게 대표적으로 프레게와 러셀이다.
…더 이상의 자세한 내용은 생략한다.

그길로 먼저 가까운 독일에 있는 프레게에게 찾아갔다.

추천서 써줄 테니까 영국에 있는 그 러셀이란 놈한테 가봐.

내가 이거 너 예뻐서 써주는 줄 알아?!

가서 배워!! 될 놈 같아서 도와주는 건 절대 아냐!

넵.

얼른 가서 책이나 써!

흠, 별로라며.

그길로 비트겐슈타인은 다시 영국으로 향했다.

오늘도 평화롭게 자기 연구실에 온 러셀.

트리니티 칼리지 교수

뉘겨?

연락도 안 하고 찾아옴.

네가
러셀이냐?

? 그런디?

후

교수 간택

그럼
날 가르쳐라!!

쿵

추천서는 어디다
팔아먹었니?

예의 없어.

… 학생, 영어가
힘들면 내가
독일어를 할까?

버력!

됐어!!!
영어로 해,
인마!!!!

네!!

기선제압

휴학했단 거 얘기 안 하고
대학 등록했네… 괜찮겠지?

괜찮겠냐고…

어찌저찌 러셀 밑에 들어가게 되었다.

그는 꽤 열정적인 학생이었는데

- 질문이 있는 학생은 타깃인
교수님을 향해 몸을 부풀립니다.

질문이 많긴 하지만
공부 열심히 하는 거니
보기 좋지~

하지만
비트겐슈타인은

교수님!!
질문
있습니다!

세상에 주장된
명제 외에 어떤 게
존재할 수 있단 건
말도 안 되잖아요?!

교수님!!
질문
있습니다!

이 방에 코뿔소가
없다는 건 경험이므로
알려질 수 없다는 건

넌 프라이버시도
모르는 거냐?!

다소 정도를 몰랐다.

뭔 공부를 하는데
사람을 이렇게
괴롭혀!

공부한 거 내놔!
함 보자!!!

네.

아휴! 정말 이게 뭐라고…

이거 하겠다고… 이게… 그…

잘 썼네~~

야, 너 이거 계속 해야겠다~~

엄청 쉬운 교수님

하지만 제1차 세계대전이 터지고 비트겐슈타인은 군에 들어간다.

잘 싸우다가 포로로 잡혀감.

반전운동을 펼치던 러셀은

전쟁은 미친 짓!

교수직 해임과 함께 구속되었다.

교수님! 제게 답장을 보내주시다니 절 구해주시려는 건가요?!

포로수용소

감옥

아니, 나도 잡혀왔어.

※사실 러셀은 편지를 받을 때쯤엔 석방되었다.

그렇게 제1차 세계대전 중
완성된 '논리철학논고'.

세계는 사물들이 아닌
사실들의 총체이다!

결론은 말할 수 없는 것에
대해 침묵을 지키는 것.

읍읍읍읍~
(그게 뭐야?)

분량은 짧지만 내용은 방대하다.

반응은 썩 좋지 않았다.

시작하면서 바로
사례case랑 사실fact이란
말이 나오는데 이거 내가 보기엔 같은
말같네 세계가 사례인 모든 거랑 세계
가 사실의 총체라는 건 사실 같은 말 아닌
"A가 사실이다"란 말이 "A가 사실
란 말이랑 난 차이를 모르
이중표현은 왜 쓴거니
리고 "사실은 사태의
이다" 이 말은 왜 굳이?
리라는 말을 써야

인문학 책이
안 팔리는 건 알고
이런 원고의 출간을
맡기는 건가요?

난 그래도
읽을 만하던데.

출판사

전쟁과 출판사들의 연이은 거절로
회의감을 느낀 비트겐슈타인.

아니…

그냥 출간 안 하고
시골 가서 애들이나
가르칠래.

이렇게 출판은
미뤄지게 된다.

시골교사
비트겐슈타인

오스트리아 트라헨바흐의

한적한 시골 마을에…

수학을 통해 아이들의 영혼을
채워주는 교육을 할 거야.

애들이 그렇게
쉬운 줄 아니.

도시 촌뜨기
비트겐슈타인
등장!

그렇게 시작된 수업은…

약간 많이 난국이었다.

왜 이걸 못 푸니?!
너 똑똑하잖아!
응?!!

고등수학
아냐?

아동학대
불법입니다

아니, 왜
애를 갈궈욧!!
대충 먹고살 정도로만
가르치면 되는데!!

그러려고
공부합니까?!

시골에서는 원래
그러려고 공부해요!!

빌켄~ 교사 일은
잘 되어가니?

여기 사람들한테
신물이 날 것
같아요.

그렇구나.
다름이 아니구~

종국에 가 있던 러셀

네 논리철학논고
영 아까운데,
출판해도 되겠니?

맘대로 하쇼.

이렇게 쉽게?
아, 알았다.
만두 안 먹을래?

안 먹어요.

러셀은 이 책의 출간 작업을
오스트발트라는 사람에게 맡겼고
그는 그 원고를
《자연철학연보》라는
간행물에 실었다.

그렇게 세상에
나온
《논리철학논고》.

나왔으니까
나도 한번 봐야지.

야이 씨 ×××
상태가 왜 이래?!!
죽을래?!!!

검수 제대로
안해?!!!

오타 천국

...는 사실들의 총체이다

...실은 사태들의]존립이다

...사실들의 논리적 그ㅡ림이 사고다

...고는 뜻을 [지닌 명제이다!

...명제는 ㄴ 요소 명제들의 진리함수

진리함슈의 일밝적 형식은
ㄴ E-N(E)ㄱ
이게 명제의 일반-적 형식

말할 수 업는 것에대해 우린
침무캐하않다

나중에 영어 번역판은
본인이 검수 잘해서
잘 냈다.

〈여담1〉

1946년 케임브리지 대학의 도덕과학클럽.

맘 편하게 먹고 있어봐, 인마.

난 여기 있어도 괜찮은가.

교수임

여기서도 같이 있었다.

특별연구원 근무 중

이날의 초빙교수는 칼 포퍼.
20세기 가장 유명한 철학자 중 한 명이었다.

철학적 문제는 있는가?

발표자: 칼 포퍼

두근두근.

시작한다.

발표 끝내주게 해서 비트겐슈타인 이겨야지.

조금 사특한 마음을 품고 강의를 했다.

그래서 당신이 말하는…

그 도덕 원칙의 예를 들어보시오.

발표 내용이 아까부터 날 엄청 저격하는 거 같은데…

…초빙교수를 부지깽이로 위협하지 않는 거?

이게 자꾸 성질을 긁네!

〈여담 2〉

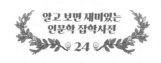

언어는 세계를 그리는 그림이다

그래서 《논리철학논고》에 무슨 내용이 있었을까요? 비트겐슈타인의 그림 이론이 있었습니다. 그림 이론의 핵심은 언어가 세계를 나타내는 표상적 기호라는 것입니다. 무슨 소리일까요? 우리가 어떤 문장을 보면(예를 들어, 철수가 나무 밑에 서 있다) 그 내용이 머릿속에 그림처럼 그려지죠. 언어의 형태와 세계의 형태는 유사하여 이 둘이 거울 혹은 데칼코마니처럼 들어맞습니다.

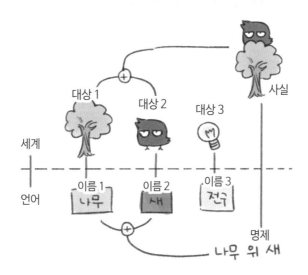

비트겐슈타인은 이런 이론을 바탕으로 언어의 목적은 곧 세계를 서술하는 것이라 생각했습니다. 이런 의미에서 그가 말한 '말할 수 없는 것들'

은 세계에 대한 서술을 벗어나는 것이 되겠죠. 대표적인 것이 바로 비트겐슈타인의 그림 이론입니다. 세계에 대한 서술이 아닌 세계와 언어의 관계를 서술하고 있으니까요.

아니, 그럼 이 사람, 자기 입으로 말할 수 없다고 한 걸 정작 자기 입으로 말한 거잖아요? 네! 그렇습니다. 내가 마지막으로 언급하고 선을 그어 둘 테니 너희는 더 이상 이에 관해 이야기하지 말란 의미였겠죠.

하지만 비트겐슈타인도 말했고, 그를 다룬 수많은 평전도 말했고, 저도 말했네요.

소수의 전유물이 아닌 모두의 철학

이 넓은 서양철학사에서 제가 다룬 이야기보다는 그러지 않은 이야기가 더 많을 겁니다. 그중 제 나름대로 선별한 재미있는 일화로 독자 여러분을 찾아뵙게 되어 반갑습니다.

이 책은 엄밀히 말하면 서양철학 인물사입니다. 프롤로그에서는 다소 거칠게 말했지만, 저는 철학자들의 삶을 공부하는 게 철학 공부에 도움이 된다고 믿습니다.

예컨대 플라톤과 철인정치 사상을 그냥 놓고 배울 때는 헷갈릴 수도 있습니다. 이때는 플라톤이 철인정치라는 개념을 떠올린 배경을 살펴보아야 합니다. 플라톤은 중우정치로 인해 스승을 잃은 경험이 있습니다. 모든 시민이 정치에 참여하는 아테네에서, 연극과 군중심리에 선동된 사람들이 소크라테스에게 사형을 내리는 걸 본 어린 플라톤은 충격을 받습니다. 그리고 어리석은 민중에게 정치를 맡기기보다는 현명하고 덕을 갖춘 일부가 정치를 담당하게 해야 한다고 생각합니다. 이런 일화를 알게 되면 아마 플라톤의 철학이 조금은 더 친숙하게 다가올 겁니다.

모든 철학자의 사상은 그의 삶에서 짜낸 정수와도 같습니다. 생각은 경험에서 비롯하기 때문이죠. 이게 위인이라고 하기엔 조금 부족하고 유명인이라고 하기에도 약간 애매한 철학자들의 생애 관련 에피소드가 계속해서 발굴되어 세상에 공개되는 이유입니다. 대체 무엇 때문에 이런 생각을 했을지 궁금하니까요! 그러니까 여러분도 이 책을 다 읽었을 때는 공부 잘했다는 마음으로 책을 덮길 바랍니다. 모르는 사람의 생애를 알아가는 것도 공부의 일환이지요!

철학 공부는 어렵습니다. 돈도 되지 않고요. 마땅히 할 일 없이 밤하늘만 주야장천 봐도 되는 부유한 엘리트의 전유물처럼 느껴지기도 합니다. 당장 철학이 뭐냐고 물었을 때 제각기 다른 답이 나오는 것도 우리를 헷갈리게 만드는 주원인입니다. 그런데 철학이 무엇이냐는 간단한 질문에는 죽어도 입이 맞지 않는 수많은 철학자들이, 단 하나 의견을 같이하는 게 있습니다. 바로 남의 생각을 달달 외우는 게 철학이 아니라는 것이죠.

어렵고 긴 서양철학사를 읽다가 잠시 페이지에서 시선을 뗀 뒤, 나 혼자 가만히 "이 사람의 생각이 정말 옳은 걸까?"라고 반추하는 그 순간부터가 바로 철학의 시작입니다. 과거의 철학은 우리에게 자신의 어깨를 밟고 올라가라고 서 있는 거인 역할만 할 뿐이지요.

그런 의미에서 보면 자기 자리에서 끝없이 고민하고 검토하고 비판하는 삶을 사는 이들은 전부 철학자라고 부를 만합니다. 예를 들어, 실험을 앞두고 이 실험이 정말 윤리적인지 생각하는 과학자들, 자신이 감내하는 하루의 노동시간과 임금 규정이 정당한지 고민하는 노동자들…, 이들 모두가 철학자입니다. 그리고 세상은 늘 이런 사람들에 의해 바뀌어왔지요.

모두가 자기 자리에서 자신의 철학을 할 수 있습니다. 그편이 책상머리에 앉아 있는 몇몇 엘리트들에게 철학을 죄다 맡기는 것보다 낫고요. 비록 처음에는 생각하는 데 서툴러서 종종 앞뒤가 안 맞기도 하고, 자기 생각이 옳으면 좋겠다는 욕심에 독단에 빠지기도 할 테지만, 이건 다듬어가는 법을 배우면 얼마든지 해결될 일이지요. 철학자들의 사상과 그에 대한 비판을 배워나가는 과정에서 충분히 연습할 수 있습니다. 비록 그 공부가 조금은 어렵겠지만 여태껏 이 책에서 거저 본 철학자들의 이야기가 그 과정에 조금은 도움이 될 거라고 생각합니다. 그러라고 쓴 책이니까요.

헤겔은 철학이 진보한다고 믿었습니다. 그래서 "가장 최근의 철학이 가장 발달하고 깊이 있고 풍부한 철학"이라고 말한 바 있지요. 그렇다면 그보다 200년 후에 태어난 우리는 당연히 더 발달하고 깊이 있고 풍부한 철학을 할 수 있겠지요. 도전은 우리 모두의 몫입니다. 위를 향해 시선을 들어 올린 채 걷다가 돌부리에 걸려 나자빠진 철학자가 바라보던 밤하늘이 어디 순전히 그만의 것이던가요. 언젠가 우리 모두 밤하늘을 함께 올려다보며 마음껏 우리들의 철학을 이야기할 수 있는 날이 오길 소망합니다.

마지막으로 이 책이 나오기까지 저를 도와준 가족과 친구, 특히 매주 편집을 도와준 언니, 부록 자문을 맡아주신 김석 교수님, 매주 댓글로 응원해주신 독자 여러분께 이 자리를 빌려 감사 인사를 전합니다.

2021년 8월 지하늘

💡 참고문헌

강대석, 《루소와 볼테르》, 푸른들녘, 2017.

남경희, 《플라톤》, 아카넷, 2013.

데이비드 애드먼즈, 존 에이디노, 임현경 옮김, 《루소의 개》, 난장, 2011.

데이비드 에드먼즈, 존 에이디노, 김태환 옮김, 《비트겐슈타인과 포퍼의 기막힌 10분》, 옥당, 2012.

레이 몽크, 남기창 옮김, 《비트겐슈타인 평전》, 필로소픽, 2012.

로버트 L. 애링턴, 김성호 옮김, 《서양 윤리학사》, 서광사, 2003.

루트비히 비트겐슈타인, 곽광제 옮김, 《비트겐슈타인 논리철학론》, 서광사, 2012.

뤼디거 자프란스키, 오윤희 옮김, 《니체》, 문예출판사, 2003.

르네 데카르트, 이현복 옮김, 《방법서설》, 문예출판사, 2019.

리하르트 다비트 프레히트, 박종대 옮김, 《세상을 알라》, 열린책들, 2018.

마르자 드스지엘스카, 이미애 옮김, 《히파티아》, 우물이있는집, 2002.

마르트 룰만, 이한우 옮김, 《여성 철학자》, 푸른숲, 2005.

마크 릴라, 서유경 옮김, 《분별없는 열정》, 필로소픽, 2018.

메리 워낙, 이명숙·곽광제 옮김, 《실존주의》, 서광사, 2016.

버트런드 러셀, 최광렬 옮김, 《인기 없는 수필》, 집문당, 2017.

베네딕투스 데 스피노자, 추영현 옮김, 《에티카/정치론》, 동서문화사, 2016.

사라 베이클웰, 조영 옮김, 《살구 칵테일을 마시는 철학자들》, 이론과실천, 2017.

서양근대철학회 엮음, 《서양근대철학》, 창작과비평사, 2001.

앤서니 케니, 김성호 옮김, 《케니의 서양철학사 3권: 근대철학》, 서광사, 2014.

앤서니 케니, 이재훈 옮김, 《케니의 서양철학사 4권: 현대철학》, 서광사, 2013.

야론 베이커스, 정신재 옮김, 《스피노자》, 푸른지식, 2014.

오트프리트 회페, 이엽 외 옮김, 《철학의 거장들 3》, 한길사, 2001.

오트프리트 회페, 이진우 외 옮김, 《철학의 거장들 4》, 한길사, 2001.

제임스 밀러, 박중서 옮김, 《성찰하는 삶》, 현암사, 2012.

제임스 버지, 유원기 옮김, 《내 사랑의 역사》, 북폴리오, 2006.

존 스튜어트 밀, 박홍규 옮김, 《존 스튜어트 밀 자서전》, 문예출판사, 2019.

줄리아노 비지니, 이연학·최원오 옮김, 《성 아우구스티누스》, 분도출판사, 2015.

클라우스 리젠후버, 이용주 옮김, 《중세사상사》, 열린책들, 2007.

프랜시스 윈, 정영목 옮김, 《마르크스 평전》, 푸른숲, 2001.

프레데릭 바이저, 이신철 옮김, 《헤겔》, 비, 2012.

프레데릭 파제스, 최경란 옮김, 《유쾌한 철학자들》, 열대림, 2005.

프리드리히 니체, 장희창 옮김, 《차라투스트라는 이렇게 말했다》, 민음사, 2004.

플라톤, 황문수 옮김, 《소크라테스의 변명》, 문예출판사, 1999.

피터 싱어, 황경식·김성동 옮김, 《실천윤리학》, 연암서가, 2013.

W. K. C. 거스리, 박종현 옮김, 《희랍 철학 입문》, 서광사, 2000.